探索奥秘世界百科丛书

探索巨额宝藏奥秘

谢宇 主编

花山文艺出版社

河北·石家庄

图书在版编目（CIP）数据

探索巨额宝藏奥秘 / 谢宇主编. — 石家庄：花山
文艺出版社，2012（2022.3重印）
（探索奥秘世界百科丛书）
ISBN 978-7-5511-0663-4

Ⅰ．①探… Ⅱ．①谢… Ⅲ．①历史文物－世界－青年
读物②历史文物－世界－少年读物 Ⅳ．①K86-49

中国版本图书馆CIP数据核字(2012)第248720号

丛 书 名：探索奥秘世界百科丛书
书　　名：探索巨额宝藏奥秘
主　　编：谢　宇
责任编辑：刘燕军
封面设计：袁　野
美术编辑：胡彤亮
出版发行：花山文艺出版社　（邮政编码：050061）
　　　　　（河北省石家庄市友谊北大街 330号）
销售热线：0311-88643221
传　　真：0311-88643234
印　　刷：北京一鑫印务有限责任公司
经　　销：新华书店
开　　本：700×1000　1/16
印　　张：10
字　　数：150千字
版　　次：2013年1月第1版
　　　　　2022年3月第2次印刷
书　　号：ISBN 978-7-5511-0663-4
定　　价：38.00元

前　言

　　我们生活的世界，是个十分有趣、错综复杂而又充满神秘的世界。然而，正是这样一个奇妙无比的世界，为我们提供了一个领略无穷奥秘的机会，更为我们提供了一个永无止境的探索空间……

　　在浩瀚的宇宙中，蕴藏着包罗万象的无穷奥秘；在我们生活的地球上，存在着众多扑朔迷离的奇异现象；在千变万化的自然界中，存在着种种奇异的超自然现象。所有的这些，都笼罩在一种神秘的气氛中，令人费解。直到今天，人们依旧不能完全揭开这些未知奥秘的神秘面纱。也正因如此，科学家们以及具有旺盛求知欲的爱好者对这些未知的奥秘有着浓厚的探索兴趣。每一个疑问都激发人们探索的力量，每一步探索都使人类的智慧得以提升。

　　为了更好地激发青少年朋友们的求知欲，最大程度地满足青少年朋友的好奇心，最大限度地拓宽青少年朋友的视野，我们特意编写了这套"探索奥秘世界百科"丛书，丛书分为《探索中华历史奥秘》《探索世界历史奥秘》《探索巨额宝藏奥秘》《探索考古发掘奥秘》《探索地理发现奥秘》《探索远逝文明奥秘》《探索外星文明奥秘》《探索人类发展奥秘》《探索无穷宇宙奥秘》《探索神奇自然奥秘》十册，丛书将自然之谜、神秘宝藏、宇宙奥秘、考古谜团等方面最经典的奥秘以及未解谜团一一呈现在青少年朋友们的面前。并从科学的角度出发，将所有扑朔迷离的神秘现象娓娓道来，与青少年朋友们一起畅游瑰丽多姿的奥秘世界，一起探索令人费解的科学疑云。

　　丛书对世界上一些尚未破解的神秘现象产生的原理进行了生动的剖析，揭示出谜团背后隐藏的玄机；讲述了人类探索这些奥秘的进程，尚存的种种疑惑以及各种大胆的推测。有些内容现在已经有了科学的解释，有些内容尚待进一步研究。相信随着科学技术的不断发展，随着人类对地球、外星文明探索的进展，相关的未解之谜将会一个个被揭开，这也是丛书编写者以及广大读者们的共同心愿。

丛书集知识性、趣味性于一体，能够使青少年读者在领略大量未知神奇现象的同时，正确了解和认识我们生活的这个世界，能够启迪智慧、开阔视野、增长知识，激发科学探寻的热情和挑战自我的勇气！让广大青少年读者学习更加丰富全面的课外知识，掌握开启未知世界的智慧之门！

朋友们，现在，就让我们翻开书，一起去探索世界的无穷奥秘吧！

编者

2012年8月

目　录

印度古钱币之谜

◉ ◉ ◉ ◉ ◉ ◉ ◉ ◉

我们早已知道两千年前的罗马人步亚历山大大帝后尘，到过印度。在当时交通既不便利也不快捷的情况下，做这么远的旅行可谓一项壮举。罗马人不畏千里迢迢，甘冒种种风险到东方来，是因为任何一个欧洲商人只要经营东方奢侈品贸易，都有厚利可图。但面对那些文化迥异、似乎亦无所求于罗马商贾的印度人，有什么可以提供的呢？现代历史会告诉我们答案。

在印度南部曾有罗马钱币出土。一般人一听自然以为是零星出土的，但事实上这些钱币多半是大量埋藏在一起的。那么，是否有少数魄力过人的印度人垄断了与西方的贸易，而迅速取得了大量在印度不能用的钱财呢？或者，这些窖藏钱币，对印度收集者具有某种特殊

的意义呢？历史学家细心地将东西方贸易的证据集合起来，详加研究，终于对印度宝藏之谜作出别具匠心的回答。当时罗马帝国国泰民安，商业贸易兴旺发达，罗马富有公民渴求各大洲、各文明地区的奢侈品，多能满足所欲。

奥古斯都在位期间（前27～14），罗马与印度贸易兴盛。许多印度商旅来到罗马帝国，激发了罗马人做贸易的兴趣。有一队印度商人带来了许多奇珍或异物，诸如天生无手臂的人、大河龟、蛇，还有"大如秃鹰"的鹧鸪；其他商旅则带来珍珠和宝石，这些才是罗马市面洋洋大观、更有代表性的进口货。当时每年总有120艘船，由受罗马控制的埃及乘着季风驶往印度，去装运这些珍贵货物。

在印度，商人首先沿马拉巴海岸建立贸易站，在这些贸易站采购大批的香料，特别是胡椒，还有平纹细布、香水和象牙。公元1世纪末期，罗马商人从今日称为"斯里兰卡"的地方，借以物易物的方式采购到珍珠和宝石，并且向印度商人购得远东地方的产品，最著名的是中国丝绸。

要购买这些商品必须有一种方法付款，但是当时印度人民大多不知有货币，对于罗马商人惯用的钱币，他们并无多大需求，所以免不了产生买卖时如何付款的难题。不过，这种麻烦最后人们以很巧妙的方法解决了。

1775年，首次有一大批罗马钱币在印度出土。当时的考古学家和历史学家都假定这些窖藏钱币是印度商人的积蓄，由于某种不幸遭遇或意外事故，致使钱币长久地被埋没了。但现代历史终于了解到，这些钱币是印度人收藏的，印度人有兴趣收藏这些钱币，并非因为罗马钱币可用于购货流通，当时印度人完全没有货币概念，而仅是把钱币当作金锭或银锭看待。因此每一批窖藏钱币都已称过重量然后印上证明戳记，代表的是某一定量的金子或银子，要购买某种整批的货物时，拿出这样的一批钱币作为货款就行。由于罗马的金子和银子已经分铸为一个个有统一标准的金圆或银圆，这样印度人收集和使用起来就很方便，从而大大提高了罗马人的商誉。

但从罗马人的观点看来，钱币不断流往东方，而且一去不回，显然并非健全的经商之道，因此很快便实施了钱币出口限制。后来暴君尼禄降低了罗马银币的成色，印度人对罗马钱币的实际值丧失了信心，于是拒绝再接受任何罗马钱币，大量罗马钱币被滞留在印度。商人不得不另谋易货的代用品，因而开始以商品互换，通用商品包括精美餐具、玻璃、亚麻布、珊瑚、灯饰、加工的宝石和酒等。

但罗马军团要维持强大的战斗力，罗马人民要安居乐业，并不仰仗与印度的贸易。公元3世纪，罗马内部危机重重，导致商业和贸易衰退，商人信心不足，与印度的直接贸易便停顿下来。从此以后，在西方人的心目中，印度是充满了神秘和难以接触之邦。

赤城山黄金之谜

◉ ◉ ◉ ◉ ◉ ◉ ◉ ◉

当今日本藏金规模之最当数赤城山，据说它的黄金埋藏量高达400万两，相当于现在的100兆日元（兆在古代指"1万亿"），而1987年日本的国家预算也不过54兆日元。

赤城山珍藏黄金，是1860年的事。当时正值日本德川幕府统治末期，世界的金银兑换率为1∶15，而日本仅为1∶3，国内存在黄金大量外流的现象。为了阻止这种消极现象，也为了贮备财产以利于军备，"大老"（是"老中"的首席代表，是非常设的幕府最高执政官）井伊便以贮存军费为名，高度秘密地制定了埋藏黄金计划。赤城山被选为藏金之地。因为赤城山是德川幕府为数不多的直辖领地之一，它属德川家族世代聚居地，易于保守机密，而且地处利根川与片品川两河之间，有连绵起伏的高山作屏障，是易守难攻的军事安全地带。它也是德川幕府不得已全线溃退后的最后防御之地。当时强藩的中下级武士出身的改革派立意打倒幕府实行革新。正当井伊秘密藏金之时，1860年3月3日，他被倒幕派武士刺死在江户（今"东京"）的樱田门外。他死后，属下林大学头和小栗上野介继续执行埋金计划。19世纪60年代末，德川幕府终于被倒幕派推翻，江户时代结束。1868年7月新政府改江户为东京，明治政府上台，赤城山藏金也就成了一个世纪之谜。

这批作为军费而埋藏的黄金总数到底有多少呢？据知情者披露，当时从江户运出了360万两黄金；小栗上野介的仆人中岛藏人，在遗言中又说从甲府的御金藏中还运出几万两黄金，加之其他金制品，估计埋藏总数达400万两。

一个多世纪以来，有不少想一夜之间成为富翁的人纷纷来到赤城山探宝。1905年，岛追老夫妇曾在此寻找到几个装有黄金的木樽；后来在修路过程中也曾有人寻到过日本古时纯金薄片椭圆形的金币57枚。对挖掘赤城山藏金最热衷的，莫过于水野一家祖宗三代了。第一代水野智义是中岛藏人的义子，中岛藏人临终前曾告诉他，赤城山藏有德川幕府的黄金，藏宝点与古水井有关。于是，水野智义便萌发了寻找赤城黄金的信念。他变卖家产筹款16万日元，开始调查藏宝内幕，得知1866年1月14日，有三十名武士雇了七八十人在津久田原突然出现，运来极其沉重的油樽22个，重物30捆，在此处逗留近一年。他们秘密地分工行动，不少当事人是幕府的死囚，完工后即被杀以灭口。后来，水野智义在1890年5月从一口水井北面30米的地下挖

出了德川家康的纯金像，他推测金像是作为400万两黄金的守护神下葬的。不久，又在一座寺庙地基下挖出了水野智义认为是埋宝地指示图的三枚铜板，但它们所含之谜却无人读懂。昭和八年四月，水野智义又发现一只巨型人造龟。这就是第一代水野为之奋斗一生的收获。

第二代水野爱三郎子承父业，在人造龟龟头下发现一空洞，洞内有五色岩层，不知是自然层还是人为造成。第三代水野智子进一步在全国了解有关赤城山黄金的传说，他与人合作利用所谓的"特异功能"来寻宝，但收获甚微。水野家三代在赤城山的挖掘坑道总计长22千米，却仍没有寻到藏金点。向水野三代这种半盲目的脑力与体力劳动提出挑战的是高科技的运用。有人用最新金属探测机在水野家挖的坑道内发现有金属反应，经分析，此处地层内极难存在天然金属，有可能是德川的藏金所在，但由于地质松软，要挖掘需要有强力支撑物，只能暂时作罢。

马来之虎藏宝谜案

◉ ◉ ◉ ◉ ◉ ◉ ◉ ◉ ◉

第二次世界大战时期，日本东南亚战区司令、绰号为"马来之虎"的山下奉文大将，率日军攻克了泰国、新加坡、马来西亚及菲律宾。在占领东南亚期间，为了向天皇进贡，讨得天皇的青睐，他拼命地搜刮东南亚人民的珍宝，积敛了巨额财宝。1944年秋，太平洋战争的形势急转，日军海空主力遭到盟军的毁灭性打击。当麦克阿瑟将军率美军反攻菲律宾时，日军已面临灭顶之灾。在无路可走的情况下，山下奉文让菲律宾人将其搜刮来的黄金、宝石等埋藏起来，然后又枪杀了这批埋宝人，不留活口。藏宝图分为若干份交给亲信秘密带回日本。随后，山下奉文十几万大军惨败，基本上全军覆没，他本人也难逃法网，被盟军审判后绞死。随着

他命归黄泉，"马来之虎"藏宝便成为一大谜案。

过去数十年来，菲律宾流传着前总统马科斯探得"马来之虎"所藏之宝的消息。马科斯对此说时而否认，时而又承认，令人疑真疑假，难以分辨真伪，这更增加了其神秘色彩。

费迪南德·埃·马科斯在1941年12月太平洋战争初期任美军少尉，是美国远东军21师情报官，驻守菲律宾。由于马科斯在战争中有接触日本军官的不寻常经历，使得他有条件和有可能在战后设法寻觅山下奉文的藏宝。1965年11月，他当选菲律宾第六任总统后，立刻组织人暗中对藏宝点进行挖掘。究竟挖没挖到这笔宝藏，只有天知地知和马科斯自己知道，但有一件铁证

则举世皆知。

1970年，菲律宾寻宝协会主席洛塞斯独自进行寻宝活动。经过8个月的挖掘，他在一座山中先发现了无数尸骨，估计是被杀害灭口的菲律宾埋宝人，随后又发现了一座金佛，有28英寸高，2000磅重。金佛头部可以旋转开，原来肚中是空心的，藏有无数钻石珠宝。洛塞斯将金佛运回家，并没有守口如瓶，而是拿出来让亲友们观赏。他初步肯定这便是"马来之虎"宝藏的一部分，山中可能还有其他珍宝。

这个发现后来被马尼拉各报纷纷披露，记者们捕风捉影，估计金佛的纯金价值高达2600万美元，腹中所藏钻石珠宝的价值则无法估计。马科斯获悉这个消息后，便让他的法官叔叔出面，下令没收金佛及珠宝，并控告洛塞斯非法藏匿国宝。这样，金佛就轻易地落入马科斯手中。

1986年2月，菲律宾民选总统科·阿基诺夫人顺从民意，准备审查马科斯罪行时，马科斯举家逃往美国夏威夷。经过海关时，他们携带的大量金银财宝被海关官员扣留。这些财宝包括数百万美钞、若干金条和无数钻石珠宝。在马科斯仓皇出逃时，总统府留下若干关于出售黄金的录音带，时间是1983年5月27日，内容详述出售黄金的规格及数量，黄金总数约为200万千克，分置伦敦、瑞士、美国、新加坡以及中国香港，可随时出售。如果录音带上的录音属实，则可以断定，马科斯早就寻到并挖出了"马来之虎"所藏的大部分珍宝，并且掩人耳目地运出了菲律宾。

1985年，马科斯预感到末日的来临，便让他的儿子小费迪南德带亲信陈某前往澳大利亚和英国出售黄金。

据传黄金总数价值达310亿澳元，买方可由银行担保分期付款。经过多方面调查，人们才知道这批巨额黄金的主人是马科斯夫妇。后来，马科斯在临死前曾在友人面前立下口头遗嘱，将私藏的价值40多亿美元的黄金"捐献"给菲律宾人民，可惜他还没有说明藏金地点，人便开始昏迷，直到命归西天。

1988年，阿基诺政府与美国商人试图合作在圣地亚哥要塞发掘黄金珠宝。圣地亚哥要塞坐落在菲律宾首都马尼拉西北。它是19世纪时由西班牙人修建的，是菲律宾著名的古迹之一。圣地亚哥要塞战时是日本宪兵宿舍，因此，它被视为最有可能埋藏着"山下奉文将军财宝"的地方。1988年2月，挖掘工程在极端秘密的状态中开始了。

2月22日，挖好的巷道突然塌顶，两名工人当场毙命。这才使挖掘工程的真相不得不公之于世。菲律宾政府和美国"国际贵金属公司"商定，挖出的财宝按3：1分成。菲方得大头，小头归"国际贵金属公司"所有。菲律宾政府的这一做法在议会引起了一场轩然大波。议会上院通过要求"国际贵金属公司"立即停止寻宝的决议。在菲律宾也有人认为如果借助外国

力量真能找到"山下奉文将军财宝"，对振兴菲律宾经济也未尝不是一件好事。

但是，现在问题不在于同意不同意外国人来挖宝，而在于这个"宝"究竟存在与否或有多少。战后40多年来，有关这笔财宝的传说扑朔迷离。时而甚嚣尘上，活灵活现；时而又销声匿迹，若无其事。关于财宝的数量，有人说价值1000亿美元，有人说还要翻一番。

一位美籍日本人于20世纪50年代曾为此事调查过300多名有关的日本人，到菲律宾进行过现场调查。他认为，即使有财宝，其价值充其量也只有1亿多美元，还有人干脆宣布"山下奉文将军财宝"纯属子虚乌有。

拿破仑的宝藏之谜

◉ ◉ ◉ ◉ ◉ ◉ ◉ ◉ ◉

1812年5月，法国皇帝拿破仑率领50万大军对俄国进行远征，并于同年9月14日占领莫斯科。此时的莫斯科几乎是座空城了，近20万人口的城市剩下的还不到1万人。当天晚上，城内有几处起火，后又蔓延成大火，整整持续了六天六夜。

由于法军战线拉得很长，交通运输常遭袭击，粮食和弹药供应不上，而俄皇亚历山大一世又不接受和谈，在这种情况下，拿破仑不得不放弃刚占领不久的莫斯科，于10月19日向西南缓慢后撤。撤退中，沿途曾不断受到俄军和农民游击队的阻击。当时，法军辎重队中有25辆装满战利品的马车突然失踪了。自那时起，一个半世纪以来，拿破仑的这批战利品究竟隐藏在哪儿，就成了鲜为人知的谜。

一位名叫"尤·勃可莫罗夫"的苏联学者，他并非研究历史的，但在阅读英国历史小说家瓦·斯戈特所著的《法国皇帝拿破仑·波拿巴的生涯》时，对其中的一些情节很感兴趣："因感到目前处境的危险，拿破仑深知在莫斯科所掠夺的古代的武器、大炮、伊凡天帝雇塔上的大十字架、克里姆林宫中的珍贵物品、教堂的装饰品以及绘画和雕像等已无法带走，但又不甘心让俄军夺去，所以就命令将这些东西沉入萨姆廖玻的湖里。"

瓦·斯戈特是一位注重史实的作家。他这本书的完成和出版是在1831～1832年之间，离拿破仑远征莫斯科仅隔20年。勃可莫罗夫由此认为，这件事在那些曾参加了这次远征的人的手记或回忆录中应有所涉及，于是决定要查阅一下与拿破仑同时代的人是否提到有关战利品的情况。

拿破仑在败退时，曾和两名亲信乘着雪橇往西疾驰。其中一人名叫"阿仑·德·歌朗格尔"。勃可莫罗夫在他的回忆录中见到如下一段话："11月1日，拿破仑从比亚吉玛退走。11月2日，我们来到了萨姆廖玻。第三天，到达斯拉普柯布。在这里，我们遇到大雪的侵袭……"

哥朗格尔写道，拿破仑曾在萨姆廖玻。斯戈特说，拿破仑把战利品沉入萨姆廖玻的湖里。两者提供的日期和地点是完全相符的。

后来，勃可莫罗夫还参阅了一些俄国人、英国人和法国人所记述的有关这方面的材料，一致认为拿破仑是1812年11月2日把从莫斯科掠夺的战利品扔进了萨姆廖玻的湖中。

会不会是法国士兵泄漏给俄国人的？显然不可能。再说，即使居民知道法国皇帝的这个秘密，大概也只能望湖兴叹。试想，在因战争

而荒芜的小村子里，有什么工具能把湖底的东西捞上来呢？所以，勃可莫罗夫深信，如果战利品确实沉入了湖里，那它现在还应沉睡在不为人知的某个地方。

这个地方是哪儿呢？这个湖又在何处？勃可莫罗夫在列宁图书馆花了大量时间进行查阅，几乎翻了所有的地图。但令人感到失望的是，在比亚吉玛、萨姆廖玻一带并没有什么湖。后来，他给苏联地理科学研究所去了信，对方答复说："在比亚吉玛西南50千米的沼泽地有条叫'萨姆廖夫卡'的河。那块沼泽地也是以这个名字命名的。"

一百多年来，是否有人对这块地方进行过探索呢？勃可莫罗夫虽然查阅了许多资料，但收获甚微。后来，他给有关机构发了信，询问这方面的情况。大部分的回答是无可奉告，只有斯摩棱斯克地方政府内政管理局记录保存室提供了一点材料：1835年，根据斯摩棱斯克地区长官的命令，由夏瓦列巴奇中校率领的工兵部队曾对这个湖进行勘查。他们先测量了湖水的深度，在离水面五米左右深的地方，有堆

像岩石般的堆积物，铅锥碰上去，似乎听到一种金属的声音。地区长官向国务大臣报告，国务大臣又呈报给沙皇。尼古拉一世拨款4000卢布，用来建立围堰，以便把水抽干。后来，围堰完成了，水也抽干了，但呈现在眼前的仅是一堆岩石，搜寻就此就中止了。

在1911年，根据克勒托诺公主和比亚吉玛地方的一些志愿者的要求，人们也曾进行过探索，但还是"竹篮打水一场空"。

流失异城的黑水城珍宝

⊙ ⊙ ⊙ ⊙ ⊙ ⊙ ⊙ ⊙ ⊙ ⊙ ⊙ ⊙

1907年3月17日，当英国人斯坦因急不可待地从新疆古道赶往敦煌，从而成为目睹王道士发现的敦煌秘宝的第一个欧洲人时，俄国人科兹洛夫受沙俄皇家地理学会委派已结束对中国西藏、新疆等地的三次考察，正准备开始他的第四次远征。他得到了俄国末代沙皇尼古拉二世及太子阿列克塞"两次"光荣的召见。临行时，他接受了沙皇赐给的3万卢布以及步枪、左轮手枪和子弹。他们对他的这次远足慰勉有加，使多年后科兹列夫回忆起当时的情景还十分激动与神往……

俄国学者并不否认当年列强从事此类探险"是在欧美和日本对中国施加政治、经济压力的背景下进行的，探险所得当地地形测量及情况报告，也可能被用于军事目的，清朝政府对此无疑是作出了一定让步"。只是他们认为，在事过将近百年的今天，对保存和研究中国文化来说，探险所获是"最宝贵的贡献"。

黑水城，最早知道的是一个名叫"波塔宁"的俄国人，他甚至在王道士发现藏经洞之前，就从当地蒙古人的著作中知道了黑水城遗址，知道在那儿"拨开沙土，可以找到银质的东西"。据科兹洛夫回忆，他并非第一个觊觎黑水城的外国人，在他之前已有人多次跋涉前往，只是都未如愿以偿。因为当地蒙古族人不仅没有告诉他们这座故城的所在，而且把他们引向了与黑水城完全相反的方向。

1908年3月，科兹洛夫一行抵达蒙古巴登札萨克王爷驻扎地，即将进入荒漠。这一次，科兹洛夫吸取了前人的教训，努力与当地老百姓，特别是与代表清政府管辖这一地区的王爷搞好关系，对巴登札萨克王爷和土尔扈特达希贝勒等盛情宴请，代为请封，并赠送了左轮手枪、步枪、留声机等礼品，终于攻破了曾经守护了多年的防线，得到了王爷所遣的向导指引，第一次到了朝思暮想的黑水城。

他们在黑水城逗留了13天，"挖呀，刨呀，打碎呀，折断呀，都干了"。然而，"探察和发掘基本上未按考古学要求进行""对发掘品未做严格记录"。最后，他们将所获的佛像、法器、书籍、簿册、钱币、首饰等装了10箱，共重约160千克，通过蒙古邮驿，经库伦(今"乌兰巴托")运往彼得堡。

客观地讲，科兹洛夫的首次盗掘所获并不算丰富，对他个人来说，更重要的是找到了黑水城遗址，虽然当时他不可能意识到这一点，也许他是失望而去的。首次盗掘物运抵彼得堡后，俄国地理学会很快就作出了鉴定，因为其中有以西夏文这种早已消失、无人能识的

文字刊行或抄写的书籍和簿册，引起了敏锐的俄国汉学家鄂登堡、伊凡阁等人的惊讶和重视。1908年12月，科兹洛夫收到了沙俄皇家地理学会要求他放弃前往四川的计划，立即重返黑水城，"不惜人力、物力和时间从事进一步发掘"的命令。

1909年5月底，科兹洛夫一行再抵黑水城，在与考察队保持着"愉快的关系"的土尔扈特贝勒的帮助下，雇用当地民工，由俄国人指挥，在城内城外各处重新勘探发掘。

起初并没有惊人的发现，科兹洛夫本人则不仅"未正规参加发掘"，"甚至连很有意义的发现物也不曾登记在城市平面图上"。如果体会他5月27日日记中的话——"时间是五点钟，已感到天地炎热，不禁想到在凄凉、死寂的黑水城我们将如何工作"——可以感到他对这次重返发掘并非一开始就充满信心。

然而，奇迹出现了。6月12日，他们打开了西城外一座高约10米，底层面积约12平方米的"著名佛塔"，呈现在眼前的竟是层层叠

叠的多达24000卷古代藏书和大批簿册、经卷、佛画、塑像等，无怪乎后来俄国人声称简直找到了一个中世纪的图书馆、博物馆！他们在因此次发掘后闻名遐迩的佛塔内整整工作了9天，取出文献和艺术品运往营地，粗粗分类打包后，以40峰骆驼装载数千卷举世罕见的文献与五百多件精美绝伦的艺术品踏上了西去的归途。极具讽刺意义的是持"友好态度"的土尔扈特贝勒带着自己的儿子及全体属官，骑着高头大马来为他们送行！

今天我们已经知道，这两万多卷中国中古时期的珍藏，是继殷墟甲骨、敦煌文书之后，又一次国学资料的重大发现。如果说15万片甲骨卜辞的发现，把中国有文字记载的历史提前到了三千多年前的殷商时代，敦煌数万卷遗书重现了从西晋到宋初传抄时代卷轴装书籍多姿多彩的风貌，那么黑水城出土文献

则在时间上延续了敦煌文献，展示了辽、宋、夏、金、元，特别是西夏时期的文化资源。它们中绝大部分是西夏文文献，内容包括语言文字、历史、法律、社会文学、古籍译文以及佛教经典等；其余则为汉文文献，有直接从宋、金传入西夏的书籍，有西夏刻印抄写的书籍，还有不少宋、西夏、元时期关于官府、军队、百姓的档案、文书；此外还有一些藏文、回鹘文、波斯文等其他民族的文字资料。黑水城的出土文献具有极高的文献价值和版本价值，然而从它们再现于世的第一天，便沦为外国探险家的囊中之物。

1909年秋天，科兹洛夫盗掠的黑水城珍宝运抵彼得堡。如今，全部文献藏于俄罗斯科学院东方研究所圣彼得堡分所，相关艺术品则藏于俄罗斯的国家埃尔米塔什博物馆。

扑朔迷离的行宫宝藏

⦿ ⦿ ⦿ ⦿ ⦿ ⦿ ⦿ ⦿ ⦿ ⦿

清末，大清王朝已是风雨飘摇，原有的封建纲纪土崩瓦解，北京紫禁城内太监宫女偷窃文玩屡禁不止，故宫文物因而流落民间者多矣。而此时，远在天边的宿迁皂河龙王庙行宫，僧人们也屡屡盗取宫中文玩变卖，据称当时行宫旁经常有古董商人光顾，行宫中珍藏的文物也就是从这个时候开始流散和毁坏的。

大型古建筑群"龙王庙行宫"位于江苏省宿迁市宿豫区皂河镇，历经康熙、雍正、乾隆、嘉庆直至清末历朝修缮、扩建，规模宏大，雄伟壮丽，气象万千，吸引了众多观者。然而，游客们每每在赞美它壮观之余，对于该行宫的缺失都会感慨万千。天灾人祸，使这座本应堆金砌玉、满目繁华的皇家禁苑中，无数宝藏流失湮灭，让人扼腕长叹。

皂河龙王庙始建于明初，清以来逐代增饰。清帝多次亲临祭祀，庙中原有的匾额、碑刻、书画多出自清帝之手，各殿中供奉神祇的陈设用具，无不遵循皇帝礼制，爵、豆、瓿、尊，三设六供，一应俱全。一切银器、铜器乃至瓷器、玉器均为朝廷御赐，其他的木器、雕像、石刻、清供用品，其数量之丰，工艺之精，无不流光溢彩，精巧奢丽，远非一般民间庙宇所能比肩。

随着清朝皇帝多次临幸，加上岁时祭祀封赏，龙王庙行宫的珍藏不断增多，有些在今天看来价值连城的东西，在昔日行宫中都司空见惯。据行宫中最后一任方丈戒明和尚回忆,当时各殿神祇前供奉均用铜制宣德炉,总数不下30个,按现在拍卖价格,每个宣德炉均在10万元以上。除正殿神像之外,僧人斋舍内供奉的都是一两尺高的鎏金铜佛,这种铜佛的价格如今约在30万元左右,至于各种官窑瓷器,包括戒明在内的和尚们还俗以后,还都保留了许多,作为农家盆罐,而一件官窑青花瓷,如今卖上百万元已不是新闻了。另外像乾隆帝五次题诗的真迹,康熙、雍正所题的匾额、楹联、赞语,加上历年所接圣旨、御赐藏经计二百余件,都由方丈亲自珍藏。

土改后,龙王庙行宫的庙产湖田全被分给农民,僧人们坐吃山空,更加变卖庙中各种文玩古董,当时庙里一件红木条几,只卖2～3元钱,一把硬木太师椅还不到1元钱。庙周围的农户中至今仍保存着当年购买的木器家具。

在此期间,最令人痛惜的是乾隆龙床的被毁。在临被赶出庙门的那个冬天,戒明方丈和几个小和尚到处找不到烧火的柴火了,于是戒明只好狠狠心,亲手将龙床用斧头劈开,当柴火烧火做饭了,戒明生前每忆至此,自己也叹惜不已,据说那龙床极其熬火,做了近十天的饭才烧完。这和后来庙里的大禹王神像的遭遇是一样的。"文革"前后,神像全被摧毁,泥塑的被捣掉,石雕的被砸碎,木刻的大禹王神像也被拉下神坛,用斧头劈坏,扔到了街东村部,村部冬天开会,天冷便劈一块神像来烤火,据说一烧满屋香气,一直烤了一个冬天才烧完。

离龙王庙行宫不远的北边有两座小庙,一为佛家,供观音,称"观音堂";一为道教,供天后娘娘,称"惠济祠"。因道姑和尼姑都是女人,老百姓便统称两个都叫"奶奶庙"。龙王庙行宫被粮食部门征用后,汗牛充栋的经卷、碑帖都被运到了这里存放,当时奶奶庙正殿和两庑中都被塞满,无人过问,四周的农户起初都去扯回来当手纸,因为多是宣纸、毛边纸,纸质绵软,所以很受欢迎。后来渐渐发展到用来烧火做饭的烧锅,火旺而无烟,村民争相效仿,日久天长竟然一空,街头村老会计某人一日做账，因无演算纸，想到奶奶庙拿些经本，打算备用，可是一开门才知已是空空如也。

1983年，解放前在龙王庙行宫里做和尚，解放后还俗，到上海做了一名普通工人的老人讲述了这样一件事：在宿迁第二次解放的前夕（即1948年6月），当时做小和尚的他奉命和其他几位师兄弟，将庙内方丈珍藏的康熙、雍正、乾隆、嘉庆皇帝的御笔真迹、几大包圣旨和一些当时认为价值较高的字画、账本等物品全装入箱中，埋入地下。埋藏的地点是在后大殿内楼梯拐弯处的正下方，靠墙边向里第九块罗底砖下，中心深度为5~6尺左右，但当时后大殿早已面目全非了。原大殿是重楼结构，但二楼被解放初期粮食部门拆掉，已不存在楼梯，所以楼梯拐弯处就无从找起，另外，地面上早已打上厚厚的水泥层，第九块罗底砖就更无法确认。

2000年夏，皂河龙王庙行宫后大殿重修工程动工，地基挖掘工作刚刚到一半的时候，工地上便传来了鼓舞人心的好消息：施工人员在东墙根处挖出一块残破石碑。文博人员在清理现场后，没发现其他物品，便指挥工人小心翼翼地将石碑抬出。

经初步研究，这是块记载着龙王庙行宫当时庙产土地情况的纪事碑。这块石碑的发现对于研究龙王庙行宫的源起、经济供给、发展状况，都具有很大的意义。

然而，接下来的施工过程，却给热切期待的人们泼了盆冷水。在历时两月，深挖了近3米的地基清理过程中，可谓一无所获，令人大失所望。

但是在这样一个拥有上千顷

数百年的沧桑，金碧辉煌的殿阁繁华落尽

良田、几十处房舍的皇家庙宇中，众多的珍藏财物不可能由某一个人单独行动，埋于某一处，而是一次多个小组分头行动埋藏的，所以导致埋藏地点线索多样且不确切，只能凭着老人的回忆、蛛丝马迹的线索来追寻那些扑朔迷离的宝藏遗存。

今天，站在这些金碧辉煌的殿阁楼台前，依稀还是往昔的香烟缭绕，而数百年的沧桑，已让繁华落尽，那些曾经让我们骄傲和景仰的文化遗产，那些琳琅满目的珍藏，大部分都已散佚流失在一个个噩

圆明园宝藏之谜

◉　◉　◉　◉　◉　◉　◉

　　"有一天，两个强盗闯进了夏宫。一个进行洗劫，另一个放火焚烧。胜利者原来可以成为强盗。胜利者把夏宫的全部财富盗窃一空，并把抢来的东西全部瓜分掉。"

　　法国著名文学家雨果在这里说的"两个强盗"就是指"英法侵略者"，"夏宫"指的是"中国圆明园"。1860年10月，英法联军对北京圆明园的野蛮劫掠和焚烧，是人类文明史上最惨痛的劫难之一，并由此拉开了中国近代文物大流失的序幕。

　　圆明园位于北京西部海淀区北部，是清朝皇帝的一座别宫。1709年，清康熙帝把明朝贵族的一座故园赐给当时的皇四子胤禛（即后来的雍正帝），着手修建并赐名"圆明园"。之后，雍正、乾隆、嘉庆、道光等诸帝用了一百五十余年，耗费大量精力对其不断进行修缮、扩充，把它精心营建成为一座规模宏伟、景色秀丽的离宫，雍正、乾隆、嘉庆、道光、咸丰各帝每到夏秋，多在这里避暑听政，处理军国政务。

　　圆明园是由圆明园、长春园、万春园三园组成，所以又称"圆明三园"。此外，在它的周围又有许多属园，如畅春园、清漪园、静宜园及熙春园等。这些以圆明三园为中心的园林建筑，东起近春园，西到香山一带，连绵20华里。全园面积合计五千多亩，是人工创造的一处规模宏伟、景色秀丽的大型山水园林。不仅汇集了江南若干名园胜景，还创造性地移植了西方园林建筑风格，集当时古今中外造园艺术之大成。平地叠山理水，精制园林建筑，广植树木花卉，以断续的山丘、曲折的水面及亭台、曲廊、洲岛、桥堤等，将广阔的空间分割成大小百余处山水环抱、意趣各不相同的风景群。园内水面占三园总面积的4/10，大中小水面由环流的溪水串联成一个完整的河湖水系。园内又缀叠大小土山、假石山二百五十余座，与水系相结合，水随山转、山因水活，使整个园林比烟水迷离的江南更加迷人，被人们誉之为"万园之园""世界园林的典范"。

清朝皇帝为了追求多方面的乐趣，在长春园北界还引进了一片欧式园林建筑，俗称"西洋楼"。它由谐趣园、线法桥、万花阵、养雀笼、方外观、海晏堂、远瀛观、大水法、观水法和线法墙等十余个建筑和庭院组成。西洋楼于乾隆十二年（1747）开始筹划，至二十四年（1759）基本建成。由西方传教士郎世宁、蒋友仁、王致诚等设计指导，中国匠师建造。建筑形式是欧洲文艺复兴后期巴洛克风格，造园和建筑装饰方面也吸取中国不少传统手法。

西洋楼的主体其实就是人工喷泉，时称"水法"。构思奇特，主要形成谐奇趣、海晏堂和大水法三处大型喷泉群，颇具殊趣。

"谐奇趣"是乾隆十六年秋建成的第一座建筑，主体为三层，楼南有一大型海堂式喷水池，设有铜鹅、铜羊和西洋翻尾石鱼组成的喷泉。楼左右两侧从曲廊伸出八角楼厅，是演奏中西音乐的地方。

"海晏堂"是西洋楼最大的宫殿。主建筑正门向西，阶前有大型水池，池左右呈八字形引有十二只兽面人身铜像，每昼夜依次轮流喷水，各一时辰、正午时刻十二生肖一齐喷水，俗称"水力钟"。这种用十二生肖代替西方裸体雕像的精心设计，实在是洋为中用、中西结合的杰作。

"大水法"是西洋楼最壮观的喷泉，建筑造型为石龛式，酷似门洞，下面有一大型狮子头喷水，形成7层水帘。前下方为椭圆菊花式喷水池，池中心有一只铜制梅花鹿，从鹿角喷水8道。两侧有10只铜狗，从口中喷出水柱，直射鹿身，溅起层层浪花，俗称"猎狗逐鹿"。大水法的左右前方各有一座巨大的喷水塔，塔为方形，13层，顶端喷出水柱，塔四周有88根铜管子，也都一齐喷水。当年皇帝是坐在对面观水法，观赏这一组喷泉的，英国使臣马戛尔尼、荷兰使臣得胜等，都曾在这里"瞻仰"过水法奇观。

"万花阵"是仿照欧洲的迷宫而建的花园。它的主要特点是用4尺高的万字图案的雕花砖墙，分隔成若干道迷阵，因而称作"万花阵"。盛时，每当中秋之夜，清帝坐在阵中心的圆亭里，宫女们手持黄色彩绸扎成的莲花灯，寻径飞跑，先到者便可领到皇帝的赏物，所以也叫"黄花阵"或"黄花灯"。虽然从入口到中心亭的直径距离不过三十余米，但因为此阵易进难出，容易走入死胡同，清帝坐在高处，四望莲花灯东流西奔，引为乐事。

西洋楼景区的整个面积不超过圆明三园总面积的1/50，只是一个很小的局部而已，但它却是中国成片仿建欧式园林的一次成功尝试。

这在中国园林史上和东西方园林交流史上都占有重要地位。

圆明园不仅以园林著称，而且也是一座收藏相当丰富的皇家博物馆，堪称"人类文化的宝库"。法国大作家雨果曾说："即使把我国所有圣母院的全部宝物加在一起，也不能同这个规模宏大而富丽堂皇的东方博物馆媲美。"园内各殿堂内装饰有难以计数的紫檀木家具，陈列有许多国内外珍世文物。上等的紫檀雕花家具、精致的古代碎纹瓷器和珐琅质瓶盏，织金织银的锦缎、毡毯、皮货、镀金纯金的法国大钟，精美的圆明园总图，宝石嵌制的射猎图，风景人物栩栩如生的壁画，以及中国其他各种艺术精制品和欧洲的各种光怪陆离的装饰品，应有尽有。

园内珍藏有极为罕见、丰富的历史典籍。文源阁是全国四大皇家藏书楼之一，仿照范氏天一阁而建。园内各处藏有《四库全书》《古今图书集成》《四库全书荟要》等珍贵图书文物。《荟要》共抄两部，一部贮在故宫，另一部收藏于长春园含经堂的东厢"味腴书室"。另外，著名文轩——淳化轩是专为收藏著名法帖《淳化阁帖》摹版而建的。

圆明园为中华民族赢得过殊荣，曾经是我们的骄傲。然而，就是这座举世无双的园林杰作、中外罕见的艺术宝藏，竟遭到外国侵略者极其野蛮的摧毁和破坏，他们不仅将整座宝库洗劫一空，而且还兽性大发，将其纵火焚烧，对中国人民犯下了不可饶恕的罪行。

英法侵略者，在1856年12月，悍然发动了对中国的第二次鸦片战争。经将近4年的作战，于1860年10月兵临北京城下。由于在3年的战争中，侵略者受到了中国军民的英勇抵抗，付出了沉重代价，所以到达北京后，他们穷凶极恶地声称要中国政府和中国人民为他们的"损失"作出赔偿，并很快把视线盯上了宝藏充栋的圆明园。

具有讽刺意味的是，在劫掠行动开始前，他们为掩人耳目，竟然不知廉耻地张贴出布告，声称"宇宙之中，任何人物，无论其贵如帝王，既犯虚伪欺诈之行为，即不能逃其所应受之责任与刑罚也。

兹为责罚清帝不守前言及违反和约起见，决于十八日焚烧圆明园，所有种种违约举动，人民既未参预其间，决不加以伤害，唯于清帝政府，不能不一惩之也"。

在大规模的焚烧前，侵略者开始了对圆明园的野蛮抢劫。10月8日，英法侵略者闯入只有很少护园官兵守护的圆明园，开始疯狂地进行抢劫。军官们拥有优先权，先于士兵成批进入，随后，士兵们也得到命令可以进去"自由抢劫"。

面对这座皇家园林的恢宏气势，侵略者也为之赞叹不已："假若你能够的话，你必须想象一所广大的迷宫，充满着峥嵘参差的山石，景色可以入画，房子俱用上等香楠制成。湖泽池沼，交错其中，上下天光，一碧万顷。还有屋顶镶着黄色琉璃瓦的凉亭，几座戏台和储衣室，其中收存歌裙舞衣，优伶扮相的行套，预备大规模演戏之用。所有演戏的楼台及其附带应用的房屋，差不多要占5~10亩的面积。周围琳宫梵宇很多，供奉着奇怪的神祇。宫殿里面，都充满着中国古代的美术物品，美丽且极有价值。嘉木珍林，奇花异卉，形式万般，五光十色，造物所赋予的最好礼物；还有擅长布置园林的中国人，其技术闻名世界。意匠经营，极工装点这景色，各处配合得极其巧妙，一丘一壑仿佛自然景色一样。紫檀梁柱中，隐约露出光灿的屋顶。东零四散的几座旧式中国桥梁，可以使你越过圆明园，得到一个浅淡模糊的概念，既不能描写清楚，也不能想象得透彻。"（亨利·劳赤《二次出访中国纪事》）

强盗们三个一群，四个一伙穿过一座座古代建筑宫殿、房屋、亭台楼阁寻找着每一件有价值的物品。"谁也不知道该拿什么东西，为了金子而把银子丢了，为了镶有珠宝的别针和宝石又把金子丢了；这人也许喜欢景泰蓝的宫瓶，那人或者贪婪一件绣花的长袍，也许只有人念及将来的时候，就挑选一件大衣。"每个人都不愿错过这个机会。

强盗们把能拿走的东西全部拿走，拿不动的或来不及拿走的，就粗暴地将它们全部摧毁。"一切不能破碎的物品，极力伤毁，使其变为不值钱的东西。"同时由于抢劫时间很短促，因而不能仔细地抢掠，许多金质东西都被误认为黄铜而摧毁。"看呀，他们走进一扇关闭着的门，若是试举门闩，或转弄栓柄，未免太麻烦了，所以杰克用脚踢开。他们走进去，有人就推翻桌子，或许将有些珍奇的手抄本从里面倾倒出来。在士兵们的眼光中，这些不过是废纸罢了，就用作燃点烟斗的火具。另一个兵士，偶然转过身去，看见他的面庞，照在一面镜子里面，立刻勃然大怒，认为是一种侮辱，就将一个踏脚的矮凳，向镜子掷去，而威廉又以为墙上所悬的精美画框中那位老绅士对他做嘴脸，就用枪刺破画绢。有些美妙的维纳斯雕像，立刻被装点上胡须，被用作击木偶游戏的目标。所有别的物件，都乱遭枪击，因此这些物件以其地位，惹人瞩目，却似乎有点触犯了久战的兵士的眼帘。他们愿意将房宅变为汛地，喜欢毁坏物件，一定是人类的天性，人们越被严厉阻止，不能肆意如此，当机会来临的时候，他们似乎越加热切地喜欢见物就毁了。"

（D.F润尼《北中国和日本的英国

《武力》）就连英国侵略军头子喀尔金本人也不得不假慈悲地说："劫掠和蹂躏这样一个地方，已够坏了，但更坏得多的是破毁。"

这群明火执仗的强盗，从军官到士兵，每个人都是腰囊累累，满载而归。后来有人承认"一个士兵口袋里有了2万、3万、4万甚至100万法郎"。据英国侵略者戈登供认："离开圆明园时，军中每个人都获得45镑以上的掠夺品。"

当时参与烧掠圆明园暴行的一个英国军官在事隔五十多年后撰写的一部书中，回忆了当时的情形，将那时偷盗的经过淋漓尽致地描绘出来，字里行间清晰地展示了侵略者所犯下的滔天罪行：

"横穿过庭院便是觐见大殿，殿内除一些极大的景泰蓝花瓶外，其余的东西全被抢走了。我转到右边一个小房间，里面满是小册子，我想这些册子定是园内藏品的目录。"

"我找到一个奇形镂金的花盆，在金镂之间，用白色珊瑚琢成文字。盆中充满泥土，在泥土中栽着一株高约一尺的黄金树。树枝上悬挂着红玉为核的蓝宝石果子。此外，我又收集到很多卷上等质料的绸缎。我把掠得的全部物品装在7个筐子里，这7个筐子是从门口的卫兵处要到的，而守卫圆明园的法国军官又供给我所需要的中国苦力（俘虏），于是我跳上拴在门边铁环上的坐骑，命7个中国人抬着我的掠夺品在前面走，我骑马执枪在后面押着回到北京的军营。"

圆明园内各个宫殿重门洞开，任人抢劫。遵照英军统帅格兰特的命令，焚烧行宫以前，所有抢劫的物品都用拍卖法售出。所售出的款项作为奖金，依照品级等次分发给军队。绸缎大多为英国印度籍士兵所掳掠，他们用大车将东西运走，并在其军营中摆起摊儿来，公然出售这些才刚盗掠的赃物。开始卖2元钱一匹，但不久就提高价码，从10元到20元，高低不等。这些皇家丝织品千般百种，或绸或缎，或一色，或织有花纹，白色、蓝色、黄色、紫色、石青、古铜色等等不一，都待价而沽。整个兵营俨然成了交易市场。倘若有意买的话，只需花8个先令和4个银圆就能买到15码或20码丝绸布料。这些强盗们都在为他们的妻子或兄弟、姊妹们抢购廉价品。一派嘈杂混乱，乌烟瘴气。

"我们拍卖的手续，持续2天之久。乃是一切到场的人们快乐的源泉——人们时常为着毫无价值的物品相互竞争，竟至给予极高的价值，简直高得出奇，惹人发笑。若将这件物品白送他们，很少的人愿意费神取走了。有些人喜爱抢劫，军队很感激他们出力，才得到一大部分现在售卖的物品。时常在拍卖中出现，当他们决心欲得的物品，任人出价的时候，就面带愁容；凝神倾听，因为他们原已不费分文，白白取得，现在不甘心比提出的高价还出一个更高的数目。许多皮衣都售卖出去，得到很大价钱，因为天气日渐寒冷。……所以一切厚暖衣服，都风靡一时，价格骤高了。"（R.斯文侯《1860年北中国战争叙事》）

圆明园经过这次大劫难后，墙垣之内仍有不少残余的物品，许多英法联军的游兵散勇四处寻找，不愿错过一点值钱的东西。"在外面的一间小屋子里，找到从前马戈尔爵士呈献给道光帝的两辆马车，完整如新。清帝似乎从来没有乘坐过，还是喜欢没有弹簧的本国骡车和轿子。又有两支装好榴弹、零件配置完整的枪，也是马戈尔爵士所呈献的礼物，都在那地方找到了。在一些天文等的器具里面，又找到了一支英国制造的双筒枪，装在套子里面，还有些锡罐盛着火药和一箱一箱爱莱式的子弹。旁遮普军第十五队发现许多金子，分配起来，一个军官也能得着9000镑之多。"

侵略者在疯狂劫掠、破坏之后，为了销赃灭迹，为了"对清帝加以严厉的责罚，并且留些报复的痕迹"，决定将"辉煌的避暑行宫烧成平地"。英国政府首相帕麦斯顿批准了烧毁圆明园的暴行，并对此表示"衷心的高兴"。

大规模的焚烧分两次，第一次是10月6日到9日，主要焚烧圆明三园。士兵按军令指示"奔赴"焚烧地点。从圆明园的大门前，山边树林浓密的山壑处，遍处散布的鳞次栉比的建筑物，连绵不绝地循着山冈伸展开去。一声令下，不久就看见重重烟雾由树林中升腾起来。

顷刻间，几十处地方都冒出缕缕浓烟，不久，浓烟火焰爆发出来，烟青云黑，遮天蔽日。所有宫殿、庙宇等建筑及其历代收藏都被付之一炬，灰飞烟灭。就连亲自参与焚烧犯罪的士兵也承认："世上唯一无二的建筑从此不能重睹，消灭无形，人类不能重新建造了。"

同时，另一支骑兵将园外建筑也都一齐放火烧毁了。最后，驻扎在正大光明殿内的士兵接到命令：即刻整队并回北京，将该殿也一并烧毁。正大光明殿，是无可比拟的建筑杰作，描金和涂抹色彩配置得非常均匀，而且饶有风趣，木制屋顶雕镂细巧、嵌花奇特。大殿的地板为琢磨精美的大理石制成，每块均切成目字的形式，全都很紧密地连在一起，仅有最细微的线纹表明两块石头间区分的界限。"入门左边墙壁上部，悬挂一幅巨大的画图，用等度射影，绘画避暑行宫和环围着的宫苑。这种画法，中国人绘得颇为精巧，比起平常描绘山水远景，信手涂鸦，幼稚尝试的作品高出许多了。"殿内宝座为紫檀木所制，做工精美，位于高台之上，

四面环以镂花的栏杆，雕镂着玫瑰等花卉，精美富丽。宝座旁立有屏风，饰以蓝翡翠和孔雀羽毛，其上复系着红宝石和碧玉。雕镂精美的桌柜，沿着屋子四周排列着，上面放置许多碧玉瓶、瓷瓶、冰纹瓷瓷缸以及各种珍奇古玩。殿内还有几座法国大钟。"有一处地方，堆积着去年颁布的上谕，而且有许多卷册的中国经书，排列适宜，如果需用它们查找参考资料，就可以随手拿来。这些书籍，印刷均颇精美，而且许多卷册的边缘，还有清帝御笔亲批"。

得到命令的几个士兵们立刻动手放火。"屋顶在火焰中已经燃烧了一些时候，不久就要倒塌，一百码外，就可以感觉到那种炎热，扑通的响声，震心骇目，屋顶倒塌下来。于是园门和那些小屋，也一个不留，一间不留，这所算作世界最宏伟美丽的宫殿的圆明园，绝不存留一点痕迹"。

一位参与犯罪的军官后来回忆："一条石砌的道路，环绕着一座高墙，我从墙隅的地方转弯过去，就有一片浓密的烟雾，弥漫在

我面前，而且威风赫赫的烈火，在烟雾的顶上，发出熊熊的火焰，简直高出树梢好几尺。庙内描金的栋梁和五光十色的琉璃瓦都被这吞灭所有东西的烈火毁灭了。这些房屋都是储藏之所，其中收藏着珍奇的古玩，清代以前的景泰蓝物品，满箱满篓的书籍和各种雕刻，以及乾隆时代外国传教士仿中国式的图画。价值极其贵重的、绣着花纹的帐帷，圣坛镀金的一切物品……都付之一炬了。"

当他目睹这番情形，竟仿佛良心发现："虽然对于庙内供奉的神祇没有什么同情的心愿，但是当你看见几百年以前所建造的几座建筑，一旦都用火焚烧，不禁感觉着仿佛有点亵渎神明，摧毁造物似的。这些建筑点缀其间，可以给天然的风景增色，引起我们的爱怜和惋惜。"

第二次大焚烧是10月18日、19日。这次除焚烧圆明园外，主要焚烧了香山、玉泉山和万寿山等处的殿阁建筑。

英法侵略者的暴行不仅受到中国人民的愤怒声讨，而且也为世界上的一切正直人士所不齿。1861年，法国伟大的文学家雨果在致友人的信中写道："在那里不仅藏有艺术珍品，而且还有极为丰富的金银制品。真是战功赫赫，且又横发了一票！一个胜利者把腰包塞满，另一个赶紧效法把箱子全部装得鼓鼓的；两个人手挽着手，心满意足地回到了欧洲。这就是两个强盗的历史。我们欧洲人总是把自己看作是这样对待野蛮的。在历史的审判台前，一个强盗将叫作法国，另一个则叫作英国。"雨果的话，代表了全世界正直的人们对英法侵略者的公正审判。

"圆明两度昆明劫，鹤化千年未忍归。一曲悲笳吹不尽，残灰犹共晚烟飞。"李大钊的这几行诗句，诉说出多少感慨和喟叹。直到圆明园回到人民的怀抱，才收拾残垣断柱，颓基败瓦，建成了圆明园遗址公园，摊开一本苍凉悲壮的历史巨卷，供人凭吊，催人深思。

自1860年圆明园被劫掠、焚毁后，圆明园旧有的陈设、收藏和稀世珍宝现存国内的已不多，大量的旷世瑰宝流落国外。其中最集中的流散地就是不列颠博物馆和法国枫丹白露宫，其他如美国、日本、西欧各国博物馆和个人也都藏有圆明园的珍贵文物。这些文物包括商、周著名的青铜器，历代的陶瓷器，古代名人的书画，清朝皇帝的御玺，以及玉如意、时钟、金塔、金钟、玉磬等宫廷陈设品，还有清代的瓷器、漆器、玉器、牙雕珐琅、景泰蓝、珊瑚、玛瑙、琥珀、水晶、宝石、朝珠、木雕等精美艺术品。此外，还有从外国进贡的贡品和无数的金银珠宝。

不列颠博物馆坐落在伦敦城西北，始建于18世纪中期，于1759年正式开放，其中东方艺术馆除收藏少量的中亚、南亚和日本的文物外，大部分是中国历代的稀世珍品，可以说应有尽有，数量多达2万件！

当过光绪皇帝英文教师的张德彝（1847—1918），曾任清朝驻不列颠、意大利、比利时等国公使。他于1866作为中国第一位赴欧旅游团成员出国游历，回国后写了日记体游记《航海述奇》，书中记述说，在同治五年（1866）四月初四

日，张德彝出国游历英国的伦敦。有一天早晨，一位姓突的朋友来拜会他，约他出去游玩。他们坐车走了十多里路，来到一个地方，室内非常宽阔洁净，看见货架"上下罗列者，皆中国圆明园失去之物，置此赁卖"。仔细一看，发现有皇帝穿的"龙袍、貂褂、朝珠、太后朝珠、珠翠、玉石、古玩、诸般画轴、神像、金鸡、中天马、银鼠等衣，皆御用之物"。

1860年圆明园劫毁后，英军所劫走的圆明园文物一部分献给了当时的维多利亚女王，一部分被拍卖。献给女王的圆明园文物存放在不列颠博物馆，其中就有国宝级的珍品。中国东晋时期大画家顾恺之绘制的《女史箴图》，乃中国古代卷轴画的稀世珍品，1860年被英法联军抢去后藏在伦敦不列颠博物馆。还有一件长3尺，高2尺的白玉马，置于圆明园中，1860年被联军掠去，也被收藏在不列颠博物馆。另外该馆还有圆明园中原藏商、周著名的青铜器、历代的陶瓷器、玉如意、时钟、金塔、金钟、玉磬等宫廷陈设品。还有清代的瓷器、漆

器、玉器、牙雕珐琅、景泰蓝、珊瑚、琥珀、玛瑙、水晶、宝石、朝珠、木雕等精美艺术品。

现收藏在英国伦敦另一座博物馆——维多利亚博物馆内的圆明园的艺术品主要有玻璃画《皇帝在万寿山下接见蛮人》，画中的皇帝很可能是嘉庆皇帝。玻璃画的绘画艺术大约是在18世纪中叶由欧洲引进的，这种绘画技巧于颜色的运用与中国传统的艺术形式虽然完全不同，但在运用西方透视画法的同时，并没有放弃中国美学的精妙、细微。这幅画很可能是郎世宁的学生中国艺术家所作。

流散在法国各博物馆的圆明园文物数量也十分多，且极其精美。清末外交官薛福成在其《出使英法意比四国日记》中记述说："光绪十六年（1890），闰月二月三十日，饭后去参观巴黎东方博物院"，他发现在中国展室中"有圆明园玉印二方。一曰'保合太和'，青玉方印，稍大。一曰'圆明园印'，白玉方印，稍小"。光绪三十年（1904），改良派领袖康有为游历欧洲十一国，写下著名

的《意大利游记》和《法兰西游记》。在其巴黎之旅中，他详细记下了博物馆中收藏的圆明园被掠文物的情况。"观内府玉印晶印无数，其属于臣下者不可胜录。"字里行间流露出国破家亡、无限悲恸的情绪。"呜呼！高庙雄才大略，每日必作四千言。想下此印时，鞭笞一世，君权之尊，专制之威，于是为极，并世无同尊者……岂意不及百年，此玺流落于此。昔在北京睹御书无数，皆盖此印文，而未得见，又岂意今日摩挲之！"

"乾那花利博物院，此院一千八百七十九年开，亦伤心地也，院为圆式。内府珍器，陈列满数架，凡百余品，皆人间未见之瑰宝，精光射溢刻镂精工。有碧晶整块，大五六寸。一白玉大瓶，高尺许。一白玉山，亦高尺许，所刻峰峦阁楼人物精湛。其五色玉盘、玉池、玉屏、玉磬、玉罗汉、玉香橼，精绝，亦多有刻字者。玉瓶凡十一，大小不一，皆华妙。有玉刻绮春园记十简，面底皆刻龙，精绝。一白玉羊大三寸许，尤华妙。如意亦百数，以红玉镶碧玉及白玉

者佳；有一纯白玉者，至清华矣。其他水晶如意、磁如意，亦极清妙。其铜铁如意尤多，不可数。其刻漆、堆蓝、雕金之屏盘杯盂百器甚多，皆非常之宝也。"

"其御制瓷有字者甚多。有御书'印心石屋'墨宝六幅，金纸《印心石屋图》三幅，亦刻龙，斋戒龙牌一。封妃嫔宝牒一。其他晶石漆瓶盘、人物无数。皆中国积年积世之精华，一旦流出，可痛甚哉！"

法国枫丹白露宫最早建于法王路易六世时期（1137）。1528年后，经过几代帝王的修建，日益完善，富丽豪华。现存的建筑有13世纪圣·路易时期的一座封建城堡主塔、6个朝代国王修建的王府、5个不等形院落，4座代表4个时期的花园。在这"蓝色之泉"（枫丹白露本意）周围有2500公顷的森林，自古这里就是狩猎、避暑的胜地。

枫丹白露宫中的中国馆是拿破仑三世欧也妮王后建立的。兴建的原因是1860年英法联军劫毁圆明园后，侵华法军司令孟托邦将军从圆明园抢劫来的所谓战利品敬献给法王拿破仑三世和欧也妮王后，欧也妮王后将送给她的圆明园文物汇集在一起，在枫丹白露皮埃尔大厦旧址底层建造了中国博物馆，将这些文物存放起来。

中国馆是按个人收藏及鉴赏习惯布置的，有客厅、展室、桌椅、沙发。从1863年装修布置之后，一直展出至1975年。1984年开始必要的修缮工作，1991年完工重新开放。

这次修缮基本保持原有的风貌，因为有1865年造册的中国博物馆清单，所以这次重新布设没有遇到多大困难。整个馆内仍按客厅布置，桌椅、沙发等都保留，但装了空调。从第二帝国时期就一直挂在天花板上的三幅巨型"缂丝"制品，这次得到修补，有些物品得到重新胶粘。

三幅巨大的乾隆年间"缂丝"制品占据了整个天花板空间。三幅图案看似相同，但有细微差异，同为藏传佛教内容，即三世佛和他们的弟子十八罗汉及四大金刚。就其内容上看，这三幅巨作应是圆明园某个或某几个较大的佛堂或寺庙中之物。这种制品散失到法国有许多，其各个博物馆均有收藏，只是尺度要小得多，该博物馆墙壁上就有一幅，内容为三国或水浒中的故事。

在该室最显著的位置摆放着一座巨大佛塔，高约2米，与故宫内现存的佛塔基本相似。这座塔为青铜鎏金，通体各层镶嵌有绿宝石，这在乾隆年间各种佛塔中都是少见的。据史料记载，长春园含经堂一佛堂内有两座这样的金塔，与故宫慧曜楼佛堂内的金塔相仿。

该馆内这座金塔顶部为日、月和佛教三宝，这代表着佛教中最理想的天界，日、月镶嵌巨大的绿宝石。中间的半圆体有一佛龛，佛龛中为释迦牟尼像，形态自然，铸造艺术精湛。下部四方体有雄师托起整个塔体。这是藏传佛教佛塔的典型样式。

在金塔的左右放置一对青铜雕龙，与故宫、避暑山庄等处皇帝宝座前放置的青铜龙一样形制，说明这对物品应是圆明园正大光明殿皇帝宝座前的摆放之物。

金塔前有一对鎏金编钟和一只景泰蓝麒麟。这两枚金编钟是圆明园仅有的一套16枚金编钟中的两枚，可惜其他14枚不知散失何处。

这只景泰蓝麒麟躯体浑圆，头部栩栩如生，长长的双耳、短短的四肢，形态可爱，受到当时欧也妮王后的青睐。在她原来的杜伊勒里王宫房室中就摆放过这只麒麟。

在该馆天花板上挂着一只巨大的景泰蓝吊灯，下方是一只巨大的兽足兽纽景泰蓝方盒。据分析这应是九州清晏殿内放置冰块和水果用的器物。在该馆内橱柜间置放着巨大的景泰蓝五供，现存国内这样大的景泰蓝已很少，应是乾隆年间的艺术珍品。五供中间是香炉，两边对称摆放着烛台和花瓶。这五供都有环形图案，颜色有玉蓝、黄绿、翠绿、玛瑙红和明黄色等。

该馆内有几只花梨木玻璃柜橱和角柜，里面摆放着从圆明园抢来的各种青铜、玉器等珍贵艺术珍品。摆放位置没有分类，杂乱无章。只是根据空间大小按器物体量来摆放。这些艺术品可分为青铜器、玉器、瓷器、漆器、金银制品、珐琅（景泰蓝）、珠宝等几大类。

青铜器中有一只仿周制熏香炉和一只青铜鼎。这只青铜鼎铸造精密，样子坚稳，并配有朴素的装饰。鼎体浑圆且深，向上收口，两侧对称设耳，鼎体上部有扁平浮雕。一对龙的图案有些变化形成一道突出的棱，形成饕餮纹。

玉器当中有玉壶、玉碗、玉鼎、玉玺、玉塑、玉插屏等，这些玉器选料精，做工细，堪称"玉器中的精品"。有些玉插屏上刻有金饰皇帝御制诗。有的玉玺、玉盒等还带有景点的名称，如汇芳书院、耕云堂等。有一只玉玺玉料本身就很难得，加上精湛的刻工，应是玉器中的上上品。这只玉玺为琥珀色，带有花纹，呈椭圆形。四个半裸男孩正想爬上笔砚的边沿，他们的头圆圆的，又光又亮，小小的眼睛露出狡黠的目光，胖乎乎的身体呈现着勃勃生机。这只玉玺与故宫博物院藏品中一只儿戏笔架似乎是一套文房用品中的两件，应是摆放在圆明园中某个皇帝较大的书房中的物品，如勤政亲贤或含经堂等。另有一只白玉笔架雕刻的人物和树干流水等形象生动，所表现的内容意境深远。

瓷器类是该馆藏品中最多的一类，有碗、罐、壶、瓶、盘、瓷塑等。有一只茶釉龙耳罐，造型优美，釉色纯正，可称是同类瓷器的珍品。有只青花大碗，线条柔和，碗体厚实，声音洪亮。环形底部未加装饰，图案有明有暗，青花有许多小的氢化点，略有外浸，与釉色混为一体。内壁为枝干图案，外壁为叶饰，枝丫上花果相同，每个枝丫各不相同，各成一束。叶饰更为精妙，以不断的流水纹包起整个外壁。外壁主体绘有六朵荷花，还有花苞和荷叶作为陪衬。这只青花碗如果是成化年间的作品，其艺术价值就更高了，只是没见到实物无法分析确定。

瓷器中还有两只康熙年间的五彩大盘，摆放在该馆的桌子上。两只五彩盘尺寸较大，上面的图案取材于水浒或三国故事，人物、战马、景物等都非常生动，图案布局也相当别致，这两只盘应是康熙年间的精品。

瓷器中大部分为康熙五彩和乾隆粉彩，其中一只乾隆粉彩镂空熏炉格外引人注目。另一只千花壶更是罕有，一只壶体上绘有各种花卉图案，变化无穷，且排列错落有致。梅花、菊花、荷花、牡丹等绘满壶体。虽然这些花卉连在一起，但由于釉色的明暗，使这些花卉无不毕肖。另外，该馆内还有许多瓷塑，有八仙人物等。

漆器虽不多，但不乏精品。其中一只红漆盒，雕刻得相当精细。图案为百子图，通体百子神态不一，建筑、花木、石头等线条柔和，形象生动。整体布局协调有致，相互呼应，在极小的空间内讲述许多故事。这百子中有的游戏，有的跳舞唱歌，有的在捉迷藏。这个漆盒说明当时工匠的技术水平很高。

金银制品中最引人注目的有一对金罐和一只金盒。这一对金罐通体如意花纹闪闪发光。其中一只罐耳已掉。这对金罐说明当时圆明园内的摆设是多么奢华。另有资料表明这对金罐不是军队送给拿破仑三世或王后的，而是欧也妮王后到别的博物馆看到后要来的，一份文件中揭露道："有几样来自夏宫（圆明园），但不是中国远征军司令将军搜集的物品被国王取走，其中主要有两个大金罐，制作精湛，价值25000法郎。"

小件景泰蓝制品比较多，有盆、瓶、罐等，其中一对景泰蓝上的图案据分析是郎世宁所绘的仕女图。

珠宝及小件料器等主要摆放在厅中的玻璃桌柜中。其中一串大念珠还有一个故事。一般朝珠是108颗，可这串珠子是154颗，这是孟托邦将军将一串皇帝的朝珠和两串皇后的挂珠串在一起献给欧也妮王后。但没想到她并不高兴，因为她早已风闻这些远征中国的军官们个个口袋装满了金银珠宝，欧也妮王后埋怨只给她这样的礼物。于是孟托邦决定另送给她三车礼品。

欧也妮王后送给拿破仑三世的清朝皇帝的军刀、盔甲等，现在在法国军事博物馆内展出。

1973年5月，中国著名文物鉴定专家史树青随中国出土文物展览代表团赴法国。5月12日，他来到巴黎东南70千米处的枫丹白露古堡参观，据他描述说：中国馆门前有两个石狮，馆中收藏文物一千余件，展出320件，全部都是当年从圆明园抢劫去的。他看见中国馆室内金漆桌案及多宝槅内，陈设有商周青铜器，明清官窑瓷器。其中重要瓷器有宣德青花大碗，康熙、雍正、乾隆三朝的五彩和粉彩瓶、罐、花盆等，明景泰蓝熏炉（宫熏）、尊、斛、吊灯。还有各种玉雕、如意、盔甲和丝绸等物以及大象牙、成对大犀角，十分引人注目。此外还有乾隆《御制八征耄念之宝记》璧玉册，上所雕刻的文字为征瑞书写；乾隆缂丝无量寿佛大立轴，自墙面悬起，折至屋顶。乾隆年间制造的大金塔、小金塔、金曼达，上面都镶嵌绿松石。有一金塔高约5尺，与现在的北京故宫博物院珍宝馆陈列的金塔完全一样。另外还有翡翠、玛瑙、珊瑚、水晶、文竹、黄杨木、象牙器、雕漆等工艺品。特别令人注目的还有宫廷肩舆一抬。据说这个肩舆被抢劫到法国后，拿破仑三世的王后曾乘坐过（但该博物馆馆长称此肩舆为泰国皇帝所献）。

收藏于法国巴黎国内图书馆内的圆明园的主要艺术珍品有：由中国宫廷画师沈源和唐岱共同绘制的绢本《圆明园四十景图》；宫廷画师沈源和孙祜刻版的木刻本《圆明园四十景图》；伊兰泰制作的海晏堂等西洋楼铜版画20幅；郎世宁绘制的《格登鄂拉斫营》。

收藏于法国巴黎吉美博物馆内的圆明园主要艺术品有：郎世宁绘制的《乾隆肖像》，肖像是乾隆皇帝41岁时的坐像，身边站立两位大臣，这幅画是郎世宁用中国毛笔绘制的，这是中国与欧洲绘画技艺相互结合的作品，画家在脸部只用极轻的阴影，却抓住了乾隆的神韵，乾隆身边的大臣也极有威仪；"乾隆百花瓷瓶"造型精美，画法上乘，为陀螺状，瓶上的花卉图案种类各异，可谓绚丽多彩、万紫千红，在绘画花瓶时大量使用珐琅彩中的粉红色和洋彩，使各种色彩相互融合，既接近油画，又接近水彩画，非常美观，是乾隆时代的艺术珍品。

收藏于克利夫兰艺术博物馆内的圆明园艺术品主要有：郎世宁绘制的《乾隆帝后和十一位妃子肖像》，画中的青年时代乾隆皇帝英姿飒爽，栩栩如生，这幅画乾隆只见过三次，即刚绘制成的时候、70岁的时候和他退位之际。

法国巴黎私人收藏的圆明园文物也有不少。1860年英法联军劫毁圆明园后，法国侵略者将一部分圆明园珍贵文物献给王室，后被各博物馆收藏，但大部分圆明园珍贵文物被个人收藏，有些文物后来在各种拍卖会上拍卖，有些文物至今仍在个人手中。

美国很多博物馆也收藏有众多的圆明园文物。梁启超于光绪十九年（1893）五月前往美国纽约博物馆参观，惊讶地发现这里贮藏的"中国宫内器物最多"。他认为其中大约有一半是圆明园的珍品，而另一半是美国参加八国联军侵华时，从北京皇宫中掠来的。这些艺术珍品中有咸丰皇帝所用的怀表，据说是俄罗斯皇室赠送的，"其雕镂之精巧，殆无伦比。表大不过径寸，其外壳两裸体美人倚肩于瀑布之上，两鸟浴于瀑布之下，表机动则瀑布飞沫，诚奇工也"。除此之外，还有"雕玉物品，雕金物品、古近瓷器几数百事，并庋一龛，不遑枚举"。

收藏在美国纽约大都会艺术博物馆内的圆明园主要艺术品有康熙玉如意。这是一块名贵的白玉雕刻而成的，尺寸为18×5×2.38英寸，颜色是白中透绿，雕刻成多孔真菌形状。手柄顶部铭文有"御

制"大字。下部的铭文是："敬愿屡丰年，天下咸如意。臣吴敬恭进"。从展品目录中说明：这件精美的玉如意被英法联军抢来以后，在巴黎拍卖会上买来的。

收藏在明尼阿波利斯澳克艺术中心的圆明园主要艺术品有巨型的乾隆大玉山一座。这是一块含有绿色和白色的玉石，能放射清冷的灰绿色光泽，被雕刻成一座高峰深谷的玉山。山岩下露出亭台和住宅，小路和下面的山脊上有几组浮雕人物，房前有一个百合花环绕的池塘。在山上一座峭壁的宽阔平滑的表面上，刻有乾隆皇帝御笔临摹王羲之的《兰亭序》，涂以红色。此件作品完成于乾隆四十九年（1784）。这座精美的玉雕艺术品是世界上现存最大的一个。

驰名中外的艺术典范圆明园焚毁在英法侵略者手中，不计其数的珍贵文物精品从此流落到世界各地，成为中国人心中永远的伤痛。圆明园的文物被劫掠后的百余年来，中国人民一直非常关注着国宝的下落，企盼它们终有一天能够重回祖国的怀抱。

慈禧的稀世葬宝之谜

◉ ◉ ◉ ◉ ◉ ◉ ◉ ◉ ◉ ◉

慈禧，这个统治清王朝48年的女独裁者，死后不到20年，军阀孙殿英就带兵将北京东陵的随葬财宝洗劫一空。据孙殿英回忆：慈禧的棺盖一揭开，满棺珍宝就使人眼花，光彩夺目，就连手电筒的光亮也黯然失色！盗墓贼将慈禧尸身搬出扔在地宫的西北角。后来去收拾的人发现慈禧全身被剥光，伏于破棺椁之上，脸朝下，长发散而不乱；手反转搭于背上，反转尸首遍体长白毛。被盗随葬财宝除极小部分被孙殿英用于贿赂当时政界要人外，极大部分至今下落不明。

据大太监李莲英等著的《爱月轩笔记》记载：慈禧入棺前，棺底先铺上三层金丝串珠绣花锦褥和一层珍珠，共厚一尺多。棺头置放一个满翠碧透的翠玉荷叶，此玉叶面上筋络均为天然生成；棺尾安放着一朵粉红色碧金大莲花。头戴珍珠串成的凤冠，是稀世无价之宝。身着通贯金线串珠彩绣袍褂，盖的衾被上有珍珠制成的一朵硕大牡丹花；手镯是用钻石镶成的一大朵菊花和六朵小梅花连贯而成。尸身旁放置有翡翠、白玉、红宝石、金雕佛像各二十七尊。脚下左右两边各放翡翠白菜二棵、翡翠丝瓜二个、翡翠西瓜一个，还有宝石制成的杏、枣、桃、李二百多枚。她尸身右侧放置一株玉雕红珊瑚树，上绕青根绿叶红果玉蟠桃一枚，树顶处停落一只翠鸟。尸身左侧放置一枝玉石莲花和三节白玉石藕，藕上有天然生成之灰色"泥污"，藕节出绿荷叶，上开粉红色莲花。这些奇珍异宝乃天然雕琢。棺内还有玉石骏马八尊、玉石十八罗汉等七百多种珍宝。为填补空隙,棺内还倒入四升珍珠和红、蓝宝石二千二百多块。慈禧口中含有一颗巨大的夜明珠,当分开为两块时,透明无光,合拢时则是一个圆珠,射出一道绿色寒光,夜晚百步之内可见头发。

可见慈禧太后不仅生前穷奢极欲,死后也要躺在成堆的金银珠宝之中。然而,稀世葬宝给她带来的并不是永恒安宁,而是横尸荒冢之祸。

黄金隧道和黄金国之谜

◎ ◎ ◎ ◎ ◎ ◎ ◎ ◎ ◎ ◎ ◎

据传说，在南美洲的地下，有一条长达千里的"黄金隧道"。如果沿着这条隧道向前迈进，就可以到达"黄金国"。"黄金国"里埋藏着大量黄金，国王和贵族所穿戴的帽子和衣服上，都装饰着黄金，许多宏伟的公共建筑物用巨大的金块砌成拱门，装饰着精美的浮雕，显得极为豪华，甚至连国王的马鞍、拴马桩、狗项圈等，也都是用大块的黄金做的。

"黄金国"究竟在哪里？众说纷纭，有的说它在迤逦的安第斯山中，四周山岭绵延，重峦叠峰，全国臣民把太阳当作最早的神灵而顶礼膜拜，每当旭日初升，晨曦普照，或在夕阳西下，红霞染映，"黄金国"显得分外妖娆；也有人说，"黄金国"是在海拔2700米由死火山口形成的"哥亚达比达"湖畔，人们每年定期举行祭祀"黄金神"的仪式，国王与贵族把许多黄金饰物作为供奉神灵的礼物而投入湖中，宗教的狂热使他们如痴似醉，有时抬着骆马投入湖中，作为敬献给神灵的活祭品；有人说，"黄金国"在一个名字叫巴里马的"黄金湖"畔；有的却认为，"黄金国"隐藏在里里诺斯河与亚马孙河之间的某一地区……关于"黄金隧道"与"黄金国"的传说还有许许多多，在民间广泛流传，越传越神奇，但谁也无法准确地说出它的具体地点和真实情况。

从15世纪以来，由于西欧各国商品货币经济的发展和资本主义关系的萌芽，金属货币成为普遍的支付手段，这就引起了欧洲的商人和封建主对于黄金的强烈渴求。关于南美洲有"黄金隧道"和"黄金国"的传说在欧洲广泛传播后，西欧社会上至国王、僧侣、大贵族，下至中小贵族，尤其是商人和海盗，都渴望到南美洲寻找"黄金隧道"与"黄金国"，于是掀起了一股"黄金热"的狂潮。恩格斯在《论封建制度的瓦解和民族国家的产生》中指出："黄金一词是驱使西班牙人横渡大西洋到美洲去的咒语；黄金是白人刚踏上一个新发现的海岸时所要的第一件东西。"

1541年，一支由310个西班牙人和4000个印第安人组成的探险队，深入原始森林地区。从此以后，许多支探险队在从安第斯高地至委内瑞拉和巴林的广大森林地区大规模地开展寻找"黄金隧道"与"黄金国"的活动，结果都毫无所获，失败而归。

1595年，英格兰探险家洛津率领一支探险队，以东南部圭亚那高原作为探索"黄金隧道"与"黄金国"的中心地带，他们深入奥里诺科河谷和热带草原，考察过埃塞奎博河、德梅拉拉河、伯比斯河和著名的鲁普努尼草原。探险结束后，他在他所撰写的《圭亚那帝国的发现》一书中宣称：他曾经发现过一个名叫"马洛亚"的"黄金国"，他描述这个"黄金国"的情景："圭亚那帝国比秘鲁更靠近海，而在正东的赤道上出产黄金比秘鲁的任何地点都要丰富，具有与秘鲁最繁荣时相同数目或更多的大城市。那个帝国根据同秘鲁同样的法律来统治，皇帝和臣下一起信仰同一种宗教。定名为'马洛亚'的'黄金国'，也就是圭亚那国的首都，我确信那个帝都的雄伟、富裕，皇宫的壮丽为世界之冠。都城建在与加勒比海相等长度(约1000千米)的咸水湖畔……皇帝的用具包括桌、厨具等全是金银制品，就是最下等的物件也为了其强度和耐久性而用银、铜制作。在皇帝的寝宫内，有巨大的黄金人像，以及模拟地球上生长的一切飞禽走兽、游鱼潜鲸、花草树木等同样大小的黄金模型。此外，还有黄金制的绳束、笔箱子以及用黄金做成的篝火……"但是后人大都认为这些描述纯属凭空捏造，没有史实根据，不可相信。因此，洛律在《圭亚那帝国的发现》一书中所描写的"黄金国"，也根本不是古代传说中的"黄金国"。

但在16、17、18世纪时，欧洲一些人却对洛律《圭亚那帝国的发现》一书中所描写的"黄金国"——马洛亚帝都，深信不疑。1599年，绘制的"黄金圭亚那的新地图"上，竟然画着巴里马"黄金湖"，在湖畔标明了"马洛亚帝都"。后来，甚至把巴里马湖标在赤道上，西面是"黄金国"及其帝都马洛亚，而把圭亚那却画在北面。再后来，把巴里马湖错写成"黄金海"。从当时绘制地图上所表现出来的前后矛盾、混乱和荒唐的情况，可见当时人们根本弄不清"黄金隧道"与"黄金国"究竟在哪里。

直至现代，还有很多人依然在兴致勃勃地寻找"黄金隧道"与"黄金国"。在西班牙政府的大力支持和资助下，西班牙探险家曾率领大批民工，由色布卢贝特负责指挥，凿通了巴里马湖，排出了约5米多深的水，在湖底污泥中找到了一些有卵石大的绿宝石和黄金制成的精美工艺品。1912年，戈德拿泰兹公司花费了15万美元的巨额经费，雇用大批民工，运用新式排水机器，把位于海拔2700米高原的"哥亚达比达湖"汲干了，从湖底污泥里捞出了一些黄金以及用黄金制成的工艺品和贵族的酬神金俑。1969年，有两个农场工人无意中在一个小山洞里发现了几件纯金的制品：金木筏一件，小金人像一件，金王座一件。这些偶然的发现，更加激起了许多人寻找"黄金隧道"与"黄金国"的浓厚兴趣。他们认为，这些偶然发现为进一步探寻"黄金隧道"与"黄金国"之谜提供了重要线索和依据。

从1976年以来，考古学家在南美洲曾发现许多重要的远古文化遗址和文物，对今后深入揭开"黄金隧道"和"黄金国"之谜很有参考价值。

古橡树下的幽灵宝藏之谜

◉　◉　◉　◉　◉　◉　◉　◉　◉　◉　◉

著名作家马克·吐温在《汤姆历险记》中描述说，海盗的宝藏都是装在破木箱里，埋在老枯树下，半夜时，这棵树的树枝阴影所落下的地方就是藏宝地。这类情景几乎就是"幽灵"宝藏的再版。

原来，橡树岛在17世纪时是海盗出没之地，有一个著名海盗叫"威廉·基德"，又名"船长基德"，是英国劫掠船船长，半神话式的海盗，是《简明不列颠百科全书》上记载的屈指可数的海盗之一。在英国各个时期的文学作品中，他以最富有传奇色彩的海盗之一著称。有关他藏宝的若干小说中，有一本是著名作家埃德加·爱伦·坡的《金臭虫》。

基德于1645年生于英国格里诺克，年轻时便航行在海上，1689年后成为英国合法的劫掠船长和纽约州的船主。在大英殖民地纽约州和马萨诸塞州一带，他多次受命驱逐沿海法国人的私掠船。1695年，英国国王吉尔劳斯三世委派他前往红海和印度洋搜捕骚扰东印度公司船只的私掠船，尽力逮住当时声名狼藉的海盗托马斯·韦克、约翰·艾尔兰等。

翌年2月27日，基德驾驶一艘大型三桅战舰"艾迪文特·加利号"（意即"冒险战舰"号)从美洲德特福德出航驶往南非好望角，在海盗频繁出没的东非海岸游弋了数月，始终没有碰上一艘海盗船。

据说，海盗早已通过内线闻风而逃了。基德光荣凯旋的梦幻破灭了，他和那些醉心冒险的船员逐渐丧失了道德观。基德变得暴虐恣肆，转而进行劫掠活动，并在一次发怒争吵中将炮手长威廉·穆尔打成重伤致死。

1697年9月，基德强行抢走摩尔人的船货，满足他们强烈而潜在的海盗欲望，开始走向深渊。

同年11月，基德又抢走"拉梅坦"号船上的珍宝。随后，又霸占了一艘载有价值400万英镑珠宝的大船"凯达格·梅尔尚"号，凿沉了已不能远航的"冒险"号。

1698年10月，他驾驶"凯达格·梅尔尚"号返回美洲途中，在大西洋一小岛安提瓜岛停留，船员们都上岸寻欢作乐去了，唯有基德留在小岛上。据说为防止他的赃物被盗，他来到附近一个荒无人烟的小岛，将财宝埋进很深的洞穴，然后又把洞口封得严严实实，清扫了一切痕迹。

这时，基德已经五十余岁了，他得悉自己已被海军法庭指控为海盗，犯有"武装越货"罪，这在当时是要被处死的。他决心结束海盗生涯，依靠美国的一帮船东为他开脱，交出一笔巨款，或许就可以免遭惩罚。

于是，他依然驾驶"凯达格·梅尔尚"号继续朝美洲行驶。在伊斯帕尼奥拉岛，他抛下"凯达格·梅尔尚"号，新买了一条船"安东尼奥"号驶往纽约城。来到美国后，他同波士顿一位富有的孀妇结了婚，并定居纽约城。他用重金买了一个爵位，从此化名叫"史蒂文森伯爵"。

这位伯爵的财产对外界来说始终是个谜，因为他是纽约市唯一可以在银行中无限透支的存户。他的舞厅是纽约城最典雅华丽的交际场所。当时，谁能收到他们夫妇的一张舞会请柬，就标志着这个人在社交界的成功。谁知，好景不长，基德原来的船东后台再也不愿冒险为他开脱，转而反戈一击，指责他犯下弥天大罪，给基德当头一棒。更使他目瞪口呆的是，在他企图劝说当时纽约殖民地总督贝洛蒙伯爵为他辩解时，不但遭到拒绝，而且被贝洛蒙逮捕后押送英国受审，在牢里关了两年多。1701年5月8日、9日，基德被指控杀害穆尔和进行过5次劫掠，宣告有罪。在审判中有关两起劫掠案的重要证据被隐瞒了，后来基德和另外9名船员被伦敦奥德贝莱法庭判处绞刑。尽管基德三番五次地提出抗议，甚至开出这样的价码："我知道在什么地方有一笔巨宝。给我一条生路，我就讲出藏财宝的地方。"但这一切早已无济于事了。5月23日，一辆黑色的囚车驶入伦敦中心广场中央的刑台前，里面走出伯爵和两名刽子手。伯爵的胸前挂着一块牌子，上面写着："海盗基德"。在众目睽睽之下，刽子手将绞索套上了他的头颈。随着执行官一摆手，这个臭名远扬的海盗船长被绞死了。

基德虽然死了，但有关他藏宝的传闻不胫而走，探索他藏宝的活动300多年来始终没有中断过。狡兔三窟，基德藏匿的财宝到底有几处？总计有多少？这些都只有他自己才能知晓。

但随着他命归黄泉，基德财宝成了一笔真伪难辨的幽灵之宝。基德的藏宝之地众说纷纭。有人说科科洛莫洞穴里藏有基德的一批装黄金的箱子，它位于尼加拉瓜和哥斯达黎加边境太平洋海岸的圣埃伦娜港湾。此外，有两个地方更有可能

藏宝，其中一处是加拿大的奥克岛（又称"橡树岛"），位于新苏格兰南部。

1795年10月，一个叫"丹尼尔·麦克金尼斯"的少年到该岛探险，他发现有一棵古橡树被锯掉了树枝并有起吊滑车绳索绕过的痕迹，树下方有一个类似矿井的洞穴，他判断下面可能埋有海盗宝藏。于是，他叫来两个伙伴挖掘洞穴，发现这是一个深约30米的古井，每隔3米便有一堆腐烂的树段。

1803年，西蒙·林德斯率领包括这三个男孩在内的工人继续深挖，在27米深处发现一块刻有神秘符号的石块，意思被译出来是："在此下面12米埋藏了2000万英镑"。后来，古井中积满18米深的盐水，挖掘被迫中断。

1850年，又一批探宝者发现距古井152米的东面海滩退潮时不断冒出水泡，他们在水泡处发现一套复杂的引水系统通向古井，推测古井只是海盗骗人的藏宝地，真正的藏宝处可能就在连通古井而通向地面的侧井里，可能只有10米深，

便于海盗取宝。1897年，人们又在距地面47米深处挖出一卷羊皮纸，上面有用鹅毛笔写的两封信。他们断定，可能是17世纪常出没此地区的基德在此埋有一笔上亿美元的财富，同时也摆下了迷魂阵。

到20世纪80年代末期，探索奥克岛宝藏的历史已达一百九十余年，无数的钱财及六条性命搭在这个岛上，真可谓劳"命"伤财。岛上的财宝仿佛同人们捉迷藏，至今仍未露面。

但寻宝者仍旧一茬接一茬，拥有声呐、红外线电视、金属探测仪、水下闭路电视监视系统及其他各种最现代化仪器的美国特立通股份公司，计划耗资200万美元，在岛上搞探宝工程。公司董事长戴维德满怀信心地说："我们一定能揭开这个300年来最激动人心的秘密。估计利润将达5000万美元。"截至1987年，特立通股份公司探宝还没有结果。这使许多人产生了动摇，怀疑该公司的判断是否准确，他们认为财宝可能并不在奥克岛上，而是在附近的什么岛上。但不管怎样，一旦发现基德的珍宝，相信一定能轰动全世界，这不仅因为基德的藏宝数目惊人，而且因为基德所掠夺的珍宝中有一些是著名历史文物，是真正的无价之宝。

现在，搜寻基德藏宝的活动正在走向高潮。奥克岛四周可见挖宝的景象：巨型英格索尔·南德空气压缩机，硕大的水泵头，五花八门的机器以及盘缠在地上的铝槽。

另一处最具浪漫色彩的基德藏宝地位于远东的一座孤岛"骨架岛"上。据传17世纪末，基德从一个印度君主奥兰格兹伯亲王那里抢来价值为3亿法郎的财富。他把财宝运到东经125度附近的小孤岛上。在助手的协助下，他干掉所有帮他藏宝的人，后来他对助手也下了毒手。他把这些人的尸体钉在树上，让每具尸体的右手指向藏宝地，指向"死亡谷"，财宝就藏在谷底下9.15米深处。对这笔不义之财，后世有歌谣为证："财宝就埋在一座岛上的湖底，要到那里，就要知道通往死亡谷的路基，无眼无发的骷髅就是要遵循的标记。"那么骨架岛的传说又是依据什么呢？

1953年，英国律师休伯特·帕

尔默在据说是基德的保险箱的夹层里发现一幅残缺的18世纪航海图，经过加工粘贴，发现航海图上对一座神秘的"骨架岛"上藏匿的财宝有说明。据此资料，后来一支由十三人组成的寻宝队乘坐"拉莫尔纳"号双桅帆船驶向远东，但很快在怀特岛附近遭遇风暴，在帆船搁浅后便杳无音信了。

有人推测，"骨架岛"位于菲律宾北部、"台风之源"的死亡群岛里。1956年，人们在日本一个海岛上的珊瑚洞穴里发现一批黄金保险箱及银条，又有人推断这是基德的藏宝。看来，基德藏宝的传说真假参半，在未来的一段时间里仍像"幽灵"那样飘忽不定，成为藏宝史上一大悬案。

亚利桑那金矿之谜

◉ ◉ ◉ ◉ ◉ ◉ ◉ ◉

1840年末，一位名叫"伯兰塔"的探险者深入山区，几经艰险，终于发现一处矿藏丰富的金矿，他仔细地做了标记，以便终生受用。从此很多探宝人一直想找出这处金矿，但很多人不幸葬身荒野，有些人则在途中惨遭印第安人的伏击而身亡，在通往黄金矿的路上障碍重重，充满恐怖的气氛。

后来有一位德国探险者华兹终于找到了这处金矿，他经常在山上待上两三天，然后神秘地潜回老家，每次总会捎上几袋高品质的金砂。知道这个金矿地点的还有他的两个同伴，但是他俩全被人神秘地杀害了，凶手是谁呢？不得而知，大概和这座金矿一样成为永久的秘密了。

1891年，华兹死于肺炎，他在临终前画了一张地图，标明了这处金矿的位置。1931年，一位名叫"鲁斯"的男子通过种种途径弄到了这张不知真伪的地图，于是他携带地图，进入了迷信山山区，然而他却一去不返。六个月后，有人在山区发现了他的头颅，头上中了两枪，样子很惨，可以想象他一定被某种极为可怕的景象吓呆了。那么凶手又是何人呢？1959年，又有三位探险者在这处山区遇害，是谁杀了他们呢？无论怎样，凶手肯定是金矿的知情人，他们试图保留这不成为秘密的秘密，然而，这一切阻止不了倔强的寻宝人，因而，探险者的身影、枪声、腥血、响尾蛇、荒野的呼啸构成了亚利桑那金矿恐怖的色调。笼罩在迷信山山区的迷雾更加使人混沌不安。

大西洋的珍宝之谜

在佛罗里达州大西洋岸边有一些奇怪的景象，每次风暴之后的第一个早晨，就可以看见许多寻宝者在沙滩上仔细搜寻，希望发现一些东西。而这些东西大多来源于近岸暗礁及浅滩上冲上来的西班牙沉船残骸。

据统计，在佛罗里达州海岸，约有1200～2000艘沉船。其中有许多艘船，时代可以追溯到西班牙运宝舰队横行大西洋，到达南美洲的时候。

在全盛时期，西班牙海军曾集合100艘舰船，每年横渡一次大西洋，一直持续到18世纪。当时英、荷正同法国竞争，其辉煌灿烂的全盛时期也成了明日黄花，好景不再。

1715年，集合在哈瓦那的联合舰队，数目不过11艘，少得可怜。

而且船只本身质量欠佳，几乎没有一艘可以胜任远航。乌比雅将军所率领的五艘战舰中最好的一艘，是原来曾作为英国军舰的"汉普顿宫"号，被法军缴获，借花献佛，转赠西班牙的。

但这些船只却都载有珍宝。其中还有一批是由中国工匠制作的，从太平洋运到美洲，再由骡子运到墨西哥的彩瓷制品。这些物件都有不可低估的艺术价值。

在哈瓦那装船后，11艘船只顿露险象。它们全部都吃水过深，船缝使劲往内漏水。雪上加霜，途中又遇到风暴，10艘战舰沉没，只有"葛里芬"号幸免，因为它的舰长不遵从命令，继续向东北航行，因此逃过暴风。

丧生者一千余人，损失金银及

其他货物约值2000万美元。有些运气好的生还者被冲上海岸，带着少量漂流出来的财宝，走向内陆，下落不明。还有人坐木筏漂流，到达佛罗里达西岸圣奥古斯丁。

西班牙人立即从哈瓦那及圣奥古斯丁派出8艘船只，从事大规模的打捞工作。他们在卡纳维拉岬设了一个营地，并建立了三个仓库收藏找回的财宝。潜水员只是吸一口气，带着重石头加速潜下水底，把几百万枚西班牙银币打捞上来。

其余的就在海底埋藏了近300年无人过问。随后，这些沉船残骸乃成为佛罗里达州寻宝工作中历时最久而收获最丰富的一个寻宝地点。

直到现在，还有人在寻宝。佛罗里达州一位业余寻宝人"华格纳"因此而享名于世。华格纳于1949年迁到佛罗里达州沿岸，听到朋友在海滩上找到钱币的故事后，对西班牙沉没的船只大感兴趣，他用15块钱从陆军剩余物资中买到一架地雷测探器，在卡纳维拉岬南约12.5千米的塞巴斯丹与瓦巴索之间的海滩上，找到1715~1949年间铸造的大量钱币。从钱币发现的地点，他有了关于沉船地点的一套理论。钱币集中在沿岸不同地点的小水道里，他猜想在每个地点都有一条沉船。

华格纳首先在卡纳维拉岬搜查当年西班牙打捞队营地及仓库，用地雷测探器在海滩后面的高地经过多日的细心搜寻后，探得一艘舰上的大铁钉和一枚炮弹。他在现场挖掘并把一块半英里大的遗址绘入地图。随后更多的炮弹、中国陶器碎片和一枚镶有7颗钻石的金戒指陆续出土。

1959年，华格纳召集几位精于潜水的友人，成立了一个"八瑞公司"，当时西班牙1个比索等于8个瑞尔，比索是大银币，瑞尔是小银币。他们向佛罗里达州申请取得享有寻获物75%的权利。他们利用一艘旧汽艇和一部自制捞泥机，奋力工作了六个月，但毫无所得。

他们的热情顿失，公司也快要破产了，但最后有一位潜水员浮上水面紧握着6根楔形银块。其他人都大喜过望，潜入水下，看看究竟能够在海底找到些什么宝物。

他们在以后的几个礼拜内又找到15枚楔形银块，然后华格纳决定拉人到另一沉舰地点。从那时起，他的寻宝美梦，终于成为事实。

在第二艘沉舰区域工作的第一天，他们发现一批数量惊人的银币，统计价值为11万美元。随后在暴风后的一天，华格纳带着侄儿到海滩仔细探查。当华格纳拾捡钱币时，他的侄儿找到一条金链，长11尺半。此链共有2167枚金环扣在一起。一条做工精致的金龙缀在金链上，龙嘴张着，是一个可吹响的哨子，龙背上用折合铰装着一支金牙签，龙尾可以当作耳挖。这件宝物后来鉴定是属于当年乌比雅将军本人所有，售得5万美元。

发掘工作持续数年，公司组织扩大，海底寻宝最惊人的一次发现，或许是他们捞到几近完整无损的30件中国瓷器。西班牙人用特制的"白墩子"瓷土包装这些精致的碗、杯，以防破碎。

1965年5月31日，他们使用自己发明的一种机器，从船的推进器向下方喷射强大水流，能把海底的一层泥沙吹去，又不致吹动他们相信沉在海底的珍贵财宝。

当海水澄清后，华格纳和他的同事望向海底，目力所及，遍地都是金币，顿时看得目瞪口呆。1967年，华格纳把财宝一一拍卖，获得一百余万美元。

圣荷西号沉船的珍宝之谜

◎ ◎ ◎ ◎ ◎ ◎ ◎ ◎ ◎ ◎ ◎ ◎ ◎

1708年5月28日，是一个晴朗的日子，一艘西班牙大帆船"圣荷西"号缓缓从巴拿马启航，向西班牙领海驶去，这艘戒备森严的船上载满着金条、银条、金币、金铸灯台、祭坛用品的珠宝，这批宝藏据估计至少值10亿美元。当时，西班牙正与英国、荷兰等国处于敌对状态，英国著名海军将领韦格正率领着一支强大的舰队在附近巡逻，危险会随时降临。然而"圣荷西"号船长费德兹全然不顾，一则他回国心切，二则他过于迷信偶然性的幸运，竟天真地认为：大海何其广大，难道会巧遇上敌舰吗？

"圣荷西"号帆船平安行驶了几天，船长显得轻松自信了，直至6月8日，当人们惊恐地发现前面海域上一字排开的英国舰队时，全都傻了眼。猛然间，炮火密布，水柱冲天，几颗炮弹落在"圣荷西"号的甲板上，海水渐渐吞噬着这巨大的船体，"圣荷西"号连同六百多名船员以及那无数珍宝沉往海底。经无数寻宝者的测定，关于沉落地点终于有了一个大概的结果：它大约在距哥伦比亚海岸约16英里的加勒比海740英尺深的海底。

1983年，哥伦比亚公共工程部长西格维亚说服总统正式宣布，"圣荷西"号是国家财产，而不属于那些"贪得无厌的寻宝者"。

哥伦比亚政府深信已找到沉船的地点，并计划在"适当的时候"进行打捞，估计费用高达3000万美元，但船上的宝藏估计至少值10亿美元。

然而，时至今日，哥伦比亚到底寻到了多少，无人得知。

神秘的化石宝藏

◎ ◎ ◎ ◎ ◎ ◎ ◎

1.5万年前的一个拂晓，雾气朦胧，云烟缭绕，在晨风吹拂之中，像轻纱似的漫飘舒卷，四周的山峦隐现于淡云薄雾之间，山下是一片葱绿的草地，露珠在草叶上滚动，虽是晨光熹微，却也晶莹耀眼，仿佛夜来的仙女把无数珍珠洒落在翡翠之上。山麓的树林之内，不时传来清脆悦耳的山雀鸣声，它首先向这块无人的原野报告了黎明。随后，成群的野兽、飞鸟被唤醒，于是，它们开始了一天的活动。

在绿草如茵的盆地中央，闪耀着一面明镜似的沥青湖，乌黑的表面在初升的旭日光芒下，反射出缕缕银光。沥青湖不同于一般积水的沼泽湖泊，在湖底，由于岩层发生断裂，而正巧这里含石油沥青之类的物质，沥青受到地层压力而沿着裂缝上升，于是在地表的洼凹处汇集起来，遇上低气温，就凝固成熔胶状，形成黏很大的沥青湖。

猛犸象、骆驼和野牛狼吞虎咽地吃了一顿草料，嘴巴干得发腻，因找水来到沥青湖旁。盈盈的积水吸引着它们，笨重的猛犸象伸过脖子去汲水解渴，第一口清凉的饮料流进肚底，顿时神清气朗。它仰天长啸以后，往前跨越一步，企图到湖中间再痛饮一顿，没想到前脚陷下去了。凭着它在陆地上的经验，借后脚用劲一蹬，想纵身跃起，不料反而更糟，四脚全都跃进黏糊的沥青湖内。虽几经奋力挣扎，咆哮助威，都无济于事。甚至比原先陷得更深。精疲力竭之余，它只得垂头丧气，等待着死亡降临。可怜的骆驼和野牛也遭遇同样的命运。

谁也没有料到，更残酷的悲剧紧接着开幕了。翱翔于天空的鹰、鹫凭它那敏锐的目光，首先发现了困在湖中的猎物，一声鸣叫，划破长空，它拍动双翅，斜冲而下，落脚在垂死的猛犸象、骆驼或野牛的背上，立刻伸出尖锐的嘴啄食受难者的颈背上的皮肉。

在一顿饱餐之后，猛禽得意地展开双翅，飞扑着准备起航，不料翅膀沾到了沥青，再使劲鼓翅，企图抖落，谁料沥青越粘越多，最后，它也成了猎物的陪葬。

恐狼、剑齿虎、棕熊和山狗，闻声而至，眼看湖内有那么一大批丰盛的美餐，垂涎欲滴。它们张开血盆大口，纵身一跃，敏捷地用匕首一样的特有犬牙直刺猎物，鲜血涌流而出，成块的肌肉被撕咬了下来。为了争食，它们你挤我夺，各不相让。结果有的四脚一滑，也掉进沥青湖中，再用劲往上爬，无非是徒费力气，求生的希望终于破灭，半身陷进"泥潭"。

这些性情暴戾的禽兽，曾是陆上飞扬跋扈的霸主，此时到了穷途末路，与它们的猎物同归于尽。

飞禽走兽，虫豸蛇蜥，所有落到沥青湖上的动物，都难逃灭顶之灾。这个面积不过0.14平方千米的魔湖，竟成了可怕的天然陷阱。它诡秘地藏在北美海岸山脉的西麓，即美国加利福尼亚州洛杉矶附近的兰乔来布拉，如今人们已将上述生态景观复原，变成了洛杉矶市博物馆著名的汉柯克化石公园。

随着岁月的流逝，接踵而来的无知动物，年复一年地在此沥青湖内遇难并被掩埋。它们的皮毛、肌肉虽已腐烂消失，而它们的骨骼、牙齿、蹄爪、坚角却成为无数珍贵的化石，记录了过去自然界的惨迹。其中有一处不到20平方米，深约3米的岩层中就采获到6000件以上比较完整的化石标本。古生物学家来到这里，面对着成堆白骨，拍手叫好："这是多么稀罕的天然化石仓库，这是多么有趣的化石世界！"

然而，任何价值连城的宝库，在尚未开发以前，总是默默无闻的。

1875年，另一批欧洲殖民者根据前人的记载到这里来寻找石油，意外地获得第一块化石标本，顿时喜上心头，于是结合沥青矿的开采，有计划地进行发掘。一百多年来，在这个小小的古代陷阱里整理出数量惊人、种类颇多的化石清单：2100只剑齿虎；239条山狗；159头野牛；130匹西方马；76只地獭；36匹骆驼；二十余头猛犸象。还有棕熊、獾、鼬、狐狸、鹿类、松鼠以及其他小型哺乳动物和133种鸟类、爬行类、蟾蜍和旧石器时代晚期有人工刻画痕迹的骨器。

大约在几十年前，正当挖掘"龙骨"（中国对古动物化石的一种称谓，应指"新生代后期的哺乳动物化石"）的高潮时，这里曾挖过96个坑洞。后来，一个名叫"阿伦·汉柯克"的土地领主就将这块土地捐献出来，开辟为化石公园，并以其姓名命名此公园，将各坑洞进行编号。现在，当地的管理机构正在设法将上述各种动物形象复原，陈列在博物馆内供游人参观和研究之用。

当然，如此丰富诱人的天然化石宝库是极罕见的，但化石宝库也非绝无仅有，比如波兰斯大卢尼也有一个一万年前的沥青湖，其中以保存一具最完整的披毛犀化石而闻名。类似的沥青湖，在中国虽未发现，但在黑龙江、内蒙古等北部省区，最后一次冰期之末的动物群仍是相当繁盛的，也许能与汉柯克化石公园媲美的天然化石宝库期待着我们去发现。

中美号沉船黄金之谜

1849年，人们在美国加州发现金矿，一时间便掀起淘金热，西部和东部的冒险者云集于此，为一寸矿地而争夺、火拼、流血。整整八年后，一群群人带着用血汗换来的黄金，准备回家，结束这种残酷危险的日子。

一大群淘金者风尘仆仆，带着他们的妻子、孩子，辗转万里，开始了又一种恐惧的行程。他们从旧金山搭船到巴拿马，再搭骡车横越巴拿马海峡，最后乘船驶往纽约。

这群人离开巴拿马两天后，也就是1857年9月10日，所乘坐的"中美"号汽船遇上了意料不到的灾难，这艘小小的汽船乘有七百五十余人，吃水太深，加上遇到飓风，狂风暴雨的袭击使船舱破裂，海水漏了进来。人们发现船帆被强风吹断，锅炉的火熄灭了，一望无际的大海使这群人感到绝望。他们组成自救队，妇女和儿童被送上救生艇，全部获救，但四百二十三名淘金汉连同那无法估量的黄金葬身海底。

那些幸存者们已无法确定沉船的准确方位，这批加州黄金宝藏的下落成为一个谜团。

寻宝专家史宾赛曾经寻获几艘在美国内战中沉没的船只，他已花了20年的时间来寻找这艘沉船，并深信已经找到"中美"号沉船的地点并将很快成功。但到目前为止，还没有得到他把这批黄金打捞上来的消息。

古巴岛的黄金船之谜

世界上最初发现海底财宝最幸运的人是美国的威利阿姆·费布斯。据说他于1651年生于缅因州的乡村，没有受过像样的教育，当过造船工人，也干过海盗及贩卖奴隶的勾当。他想把自学得到的知识有效地用于海底探查。他先制造了一艘小船，自任船长，并做了几次出海航行。在一次去西印度群岛的航行中，他无意中听说在这一带海域曾沉没过装有很多货物的西班牙船只。关于这些沉船并未留有确切的记录，但根据传闻，在17世纪中叶，装载有从印加掠夺的财宝的西班牙平底楼帆船在此沉没。他决心探查这些"巴哈马附近的黄金船"上的财宝。

他为寻求支持者来到英国，荣幸地获准拜见国王查尔斯二世，并被允许租借海军的"洛兹·欧布·亚兰吉"号护卫舰作为探查的工作母船。1683年，他指挥"洛兹"号在古巴岛北部巴哈马群岛海域对沉船进行调查，由于未发现沉船而决定返回英国，以图东山再起。几年后，费布斯开始了第二次探宝活动，虽然这次没有得到英国皇家方面的支援，但找到了另外几位赞助者，并设法搞到两艘200吨排水量的船，配备了特别潜水设备，重新组成了探查队。这时，他从由西印度群岛乘船来的旅客那里了解到，自1642年就杳无音信的西班牙船队中最大的船沉没在伊斯帕纽拉岛海域。于是，探查船重返巴哈马海域。他让潜水工人们仔细地调查了目的地海底的礁石和裂缝，结果在1687年发现了一只覆盖在珊瑚下面的黑色船体。

这一船体倾斜的甲板有十几米长，深度已到了当时潜水作业的极限。这时，仍然使用水面供氧式的潜水设备，长长的呼吸管极大地妨碍了潜水员的自由，即使确认了财宝位置，其打捞作业也是十分困难的。为此，他们在深处利用了潜水球等设备，使作业能够继续下来，并且在几星期以后，成功地打捞上来了金条、银条。他们用船装载着27吨财宝得意扬扬地返回伦敦。费布斯成功的消息在欧美广为流传，他不仅刺激了海洋探险热和冒险精神，同时，使搜寻海底宝物以发财的愿望形成一股不断高涨的风潮。在伦敦，沉船打捞公司为扩大企业的影响，曾经在泰晤士河由潜水员向市民们展示其技术。

打捞上来的财宝除分给赞助者、船员、潜水员之外，由于当时习惯上将发现的1/10财宝归皇室所有，因而他首先拿出3万英镑奉献给英国国王，费布斯因此被授予"爵士"称号。当时，这位无名的海洋冒险家的成果获得多么高的荣誉，从这一件事情就可了解了。他带着分到的16000英镑返回美国，于1692年被任命为"首任马萨诸塞州的州长"，后来移居伦敦，于1695年44岁时死去。费布斯打捞财宝的过程写在《恶魔及其海底密话》一书中，书中对这艘船是否是西班牙船提出了疑问，并指出这一打捞只不过是一种伪装了的海盗行为。

但事实如何，恐怕永远成了一个谜。

孤零零的小岛，却蕴藏了一个惊天大宝藏的秘密

印加宝藏之谜

◉ ◉ ◉ ◉ ◉ ◉

印加人是拉丁美洲的土著居民，他们在11世纪时，逐渐兼并邻近部落，到1438年建立起一个强大的奴隶制印加帝国。16世纪初西班牙殖民者来到这里时，印加帝国已具有相当的规模：它的领土北起哥伦比亚，南达阿根廷，面积达240余万平方千米，人口有1100万。印加人崇拜太阳神和月亮神，他们以为黄澄澄的金子恰似太阳的光辉，因此不论是建造神庙和宫殿，还是平常随身佩戴的物品，都大量使用黄金。据说，印加人从11世纪起就开始世代收藏黄金，如果把印加所有的黄金累计起来，其价值相当于当时世界其他地方金子的总和。正是由于这样，哥伦布发现新大陆后不久，印加人的灾难便降临了。

给印加人带来大难的，是西班牙早期的殖民头子弗朗西斯科·皮萨罗。

1531年，皮萨罗率领180个骁勇善战的士兵，带着当时欧洲最先进的大炮、火绳枪、利剑，离开了巴拿马向秘鲁挺进。走之前他听两个被俘的印第安人讲：从这里一直往南走有一座黄金城。这更增添了他铤而走险的决心。这时，印加帝国正面临内讧。贪婪而野心勃勃的阿塔瓦尔帕为了独占江山社稷，挑起一场"兄弟之战"，夺得了王位，成为印加第十三代国王，并在首都库斯科历时3天的战斗中俘获了他的弟弟。对皮萨罗一行来说，这场内讧实乃天赐良机，对手的力量经过相互残杀而削弱了，他可以乘虚而入，设下圈套诱捕印加国王。战斗进行了两天，在皮萨罗的冒险进攻下，4万多人的军队被180个西班牙人打败了，西班牙人几乎无伤亡，而被杀的印第安人居然有5000人之多，阿塔瓦尔帕国王也被抓住了。

战斗结束后，皮萨罗派人前往印加人军营搜刮财富，带回了价值8万比索的黄金。阿塔瓦尔帕害怕这些强盗会杀了他，当他看到西班牙人酷爱黄金时，便想出一个保命的办法。他对皮萨罗说："如果你放了我，我将用黄金铺满这个房间。"协议达成，印加国王一共交出11吨成色最好的金子作为他的赎金。皮萨罗造了熔化炉，把这批印加黄金统统熔铸成便于随身携带的金锭。单皮萨罗一人便分到了重达800磅的纯金。然而，心狠手毒的皮萨罗害怕就此释放印加王无疑是放虎归山，后患无穷，他打定主意杀掉阿塔瓦尔帕，以便去掉后顾之忧。于是，皮萨罗给印加王扣上一个谋反的罪名，于1533年7月26日在卡哈马卡城广场上将阿塔瓦尔帕公开处死了。物极必反，善良诚实的印加人得悉他们的皇帝被处死

后，便把大量的黄金隐藏起来，同时还四处袭击西班牙人。

尔后，贪婪成性的皮萨罗把注意力集中到印加王国的首都库斯科城，这是印第安人所有城市中最宏伟、最壮观的城市。它有着雄伟壮观的房屋、宫殿、神殿、寺庙，它们都是用难以估价的金银装饰而成的，到处金碧辉煌、灿烂无比。室内那些精美的锦缎、毛毯满缀着羽毛、黄金、绿松宝石、珍珠、玛瑙，色彩缤纷，显得更加富丽堂皇。

1533年11月，皮萨罗领着他的士兵一路烧杀抢夺，开进了印加帝国的首都，从此，印加被纳入了西班牙王国的势力范围。对皮萨罗来说，这是他取得最终"胜利的光辉时刻"。当时，他的兄弟佩德洛·皮萨罗留给后人一段记载，讲到了他们开进库斯科城的情景："我们看着这么多的金银器皿简直都惊呆了，尽管最出色的器皿已被印第安人带走了。我们还发现了一尊金塑像，印第安人痛心地对我们讲，那就是印加王朝的始祖像。我们还发现了一些金螃蟹，以及装饰

着鸟、蛇、蜘蛛、蜥蜴和其他昆虫的金器皿。所有这些珍贵东西都是在库斯科城郊区一个洞穴里找到的。一个印第安人对我们说，在靠近维拉贡加镇的一个洞穴里，还隐藏着大量金板，那是印加皇帝阿塔瓦尔帕的兄弟瓦斯卡叫人用黄金铸造起来以装饰他的宫殿的。但是，告诉我们这个情报的印第安人几天后便失踪了……总之，所有这些金银财宝都被隐藏起来了，而且藏得使人再也不可能找到它们。祭司仰光叫奴仆把金银财宝运到隐藏地附近，随后再让另外一些印第安人替换他们。这些印第安人把财宝藏好以后，便遵循主人的命令，毫无怨言地吊死或跳崖自尽了。在这个国家里藏有数不尽的财宝，但是，只有奇迹才能使我们找到它们。"

由于西班牙人对黄金的大肆抢夺，印加人很可能把他们世代积累起来的金银财宝隐藏起来了。后世估计，1533年被印加人隐藏起来的黄金是从公元11世纪以来14个印加皇帝聚敛的财富，其价值相当于16世纪至19世纪初秘鲁金矿所开采的黄金总和。那么，这批巨额财宝究竟被藏于何处了呢？至今仍然是个谜。

传说中的藏宝地，何时才能将巨额财宝展现在人们面前

黄金城与黄金湖之谜

◉ ◉ ◉ ◉ ◉ ◉ ◉ ◉ ◉ ◉

当贪婪成性的皮萨罗一伙西班牙殖民者开进印加首都库斯科城后发现大批黄金被转移了，他们不但想知道这批黄金的藏身之地，更想了解它们来自何处。于是，西班牙人抓来一些印加贵族严刑拷打，重刑之下有一位贵族吐露了黄金的秘密：这些黄金珍宝全都是从位于亚马孙密林中的一个印第安酋长帕蒂统治的玛诺阿国运来的，那里金银财宝堆积如山，难以数计。亚马孙密林中隐藏着用之不竭的黄金。但这一神秘的地方，除了国王和巫师外，谁都不清楚在哪里。

西班牙人十分高兴，立即组织了一支探险队，开赴那个方位不明、道路不清的神秘地区。茂密葱郁的亚马孙原始森林幅员辽阔，面积达280万平方千米。在这广袤无

垠、遮天蔽日的原始森林中，每前进一步都意味着恐惧和死亡。这里寒冷潮湿，猛兽出没，有致命的毒蜘蛛、毒蛇、毒虫、毒蚁、毒植物，有野蛮无比、力大如牛的食人部落，还有遍布其间的湖泊沼泽，到处充满危险。一支支探险队或狼狈逃回，或下落不明，或损失惨重。西班牙人遥望亚马孙密林，长叹不息，企图寻找到金山银海的美梦终究难以实现。

四个世纪以来，亚马孙河流域不断采掘到黄金及密林黄金宝藏的消息风靡世界。一批批西班牙人、葡萄牙人、英国人、美国人、荷兰人和德国人组成一支支探险队，蜂拥而至，闯入亚马孙森林中。据有人统计，这样的亚马孙密林寻金队大小总计有三百多个，但他们中的

绝大多数人或空手而归，或葬身密林，或死里逃生，真可谓：不见灿灿黄金，只见累累尸骨。亚马孙密林的神秘性使许多人望而却步，望林兴叹。但毕竟也有不怕死的。17世纪时，有六个葡萄牙人带领一群黑人和印第安人挺进亚马孙丛林。不到一年，热带病、毒虫猛兽等便夺去了几个人的生命。他们在密林中辗转数年，正当山穷水尽时，有一天他们透过密林突然发现一片大草原和一座熠熠生辉的宝山。他们走近宝山，一座古城遗址映入眼帘。中间有一石像的手指向北边高山。前后十年磨难，几个气息奄奄的幸存者将探险经过写成报告，报告至今仍珍藏于巴西里约热内卢图书馆里。

后来，一位叫"凯萨特"的西班牙人率领716人的探险队深入密林，在密林中仔细搜寻，终于在康迪那玛尔加平原发现了传说中的黄金城和黄金湖，意外地找到了价值300万美元的翡翠宝石，而这仅是其中的微小部分。据估计，这一带的珍宝价值大约在60亿美元左右。为寻找这些财宝，探险队付出了550条性命的惨重代价。

黄金城和黄金湖是传说中印加人存放黄金的地方。印加人早就开始开采金矿，冶炼黄金。数千年来，他们聚敛了上千吨黄金。他们把黄金作为装饰品和祭祀用品。修建了专门的城池以供祭祀神祇之用。当然，这些城市建造得十分神秘，外人根本无法接近它。四百多年来，经过人们多次考察，已确定黄金城在安第斯山脉的利安加纳蒂山中。这里有一笔价值大得令人惊叹的黄金。但这个地区地势险恶，森林密覆，神秘莫测，有许多传说中的藏宝地点，为此，许多寻宝人命丧黄泉。令人大惑不解的是，他们都是在挖出财宝之后死于不明不白之中，结果许多秘密被带进了坟墓。难道金币上或其他宝物上都涂有致命的毒药？

古老山顶的宝藏之谜

"马丘比克丘"在土著印第安人语言中意即"古老山顶"。相传当年印第安人为对抗皮萨罗的血腥掠夺,将1575万磅黄金埋藏在一座隐匿于安第斯山深山幽谷里的城市附近。后来西班牙人以及三百多年来不少探险队,都曾在群峰密林之中寻找过这座"古老山顶"上的城堡和这批失踪的黄金,但不是徒劳往返,便是一去不复返,始终没有发现任何踪迹。悲观者在失望之余干脆声称,根本不存在什么"马丘比克丘"。然而,1911年6月,美国耶鲁大学研究拉丁美洲历史的年轻助教海勒姆·亚·宾厄姆却发现了这座失踪400年之久的古城。

当年,宾厄姆骑着骡子跋涉在安第斯山的羊肠小道上。一次,他投宿在乌鲁班巴河畔的一家客店里,店主无意间告诉他马丘比克丘山中有一座废墟,这使他兴奋不已。第二天清晨,他在店主的带领下披荆斩棘,终于登上了山顶。他率领考察队经过一年的发掘整理,终于使云雾古城马丘比克丘露出了真面目,成为当今世界上最重要的名胜古迹之一。马丘比克丘城建在云雾缭绕的安第斯山脉一座海拔2458米的山顶上,它位于库斯科西北122千米处,地势十分险要。四周被崇山峻岭、悬崖峭壁包围。这座古城全部建筑均用巨大的花岗石砌成,石块之间不用黏合灰浆,人们全靠工具把它们镶嵌起来。城堡三面是深沟,只有一个城门供进出。城内有神殿,神殿中央是一圣坛,很可能是安放印加帝国最受尊敬的木乃伊的。此外,还有雄伟的庙宇、华丽的宫殿、坚固的堡垒、整齐的作坊、错落有致的房舍、弯曲的石梯。城墙是由重达20吨的巨石砌成的，圣坛是用重达100吨的花岗石板筑起来的。整个城堡可供两千余人居住。

宾厄姆经过实地考证后认为：马丘比克丘是印加传说中的圣城，是印加文明的摇篮。相传它是古代阿摩达王朝的根据地。13世纪初，该城堡出现一个印加王曼科·卡帕克，自诩为"太阳的儿子"，从此开始了印加帝国长达三百多年的统治。曼科·卡帕克一世从马丘比克丘出发，开始了向安第斯山脉的远征，后占领了旧城库斯科。随着他地位的巩固和疆域的扩大，他便在"发祥"之地大兴土木，建筑了马丘比克丘大石墙垣。后来，卡帕克一世的王位传到第三代图帕克·阿

马鲁手中。1572年，他在与西班牙人作战中阵亡，印加帝国就此覆灭，马丘比克丘也就湮没无闻了。至于藏在它附近的印加金宝更是谜中之谜了。有谁知道这些金宝藏在何地呢？据史学家分析，1535年，西班牙殖民特使鲁伊·迪亚曾与最后一个印加皇帝谈判，皇帝叫人来一碗玉米粒，他把它们倒在地上，捡起一粒给迪亚，象征着西班牙人拿走的印加黄金。他又指着地上的玉米对迪亚说："这就是印加人留下来的黄金。我可以把这些都给您，只要您保证完全离开印加帝国。"但由于西班牙人的贪婪，这笔交易并未做成。只不过从这段历史插曲中使人感到，这位印加末代皇帝是知道印加金宝的主要隐藏之地的。但随着他的死亡，很难知道还有何人也掌握印加金宝藏的秘密。

神秘的地下陵寝宝藏

◉ ◉ ◉ ◉ ◉ ◉ ◉ ◉ ◉ ◉ ◉

秘鲁政府近年宣布：对古印加奇姻王国首都废墟的地下国王陵墓加以严格保护，不允许人们随便破坏它，并且在严密防卫下，由两位经验丰富的秘鲁考古学家花费几年时间在此地挖掘。他们在寻找什么呢？

在16世纪下叶，一位名叫"古特尼茨"的西班牙商人探险来到此地，他由一位印第安部落头人引路，穿过错综复杂、九曲十折的地下迷宫，来到这座地下的国王陵寝。瞬间，这位青年商人被金光灿烂的黄金珠宝照耀得不知所措。这座陵寝内摆满了珍奇珠宝，其中包括一些镶有翡翠眼睛并用黄金铸造的鱼，印第安头人平静地告诉面前这位惊愕万分的西班牙人，只要他协助建设当地的公共工程，这些黄金便全归他了。无须犹豫，这无疑是一个千载难逢的良机，古特尼茨拼命点头。于是，他如愿以偿以一个巨富的姿态返回西班牙。至于古特尼茨捞得多少黄金可能永久成了未知数，但根据1576年的西班牙税收记录记载，古特尼茨不仅向国王密报了这处"小鱼"宝藏，而且慷慨地奉献了900磅黄金为税金，可见，他得到了很多财富。然而，在他之后的无数探宝者却没有这种运气，但总有人提供激动人心的线索：在当地废墟下面，隐藏有一处"大鱼"宝藏，里面摆满更多陪葬的黄金物品。

此传说真真假假，为陵寝蒙上了一层神秘的迷雾，而揭开这层迷雾，则有待于那两位秘鲁考古学家的运气了。

班清宝藏之谜

一次偶然的机遇，使一个地球上没有标记、鲜为人知的小镇——班清名扬天下。

1962年，泰王国艺术部的一位职员在班清小镇一条长满杂草的小路上行走时，踢出一个画有图案的陶器碎片。出于职业的习惯，他将碎片带回曼谷。他的同事们从陶器的颜色推断这是史前产物，但因班清太小了，没有引起注意。

1966年，美国驻泰国大使的儿子斯蒂芬·扬来到班清，在路过一个筑路工地时，在堆积石料的地方，看到许多被推土机挖出的破损陶器。他被上面的图案所吸引，就捡了一个大而美丽的陶罐带给泰国的婵荷公主玩赏。这个陶罐虽然已经破损，但在浅黄色的底色上，有着艺术家随心所欲、一挥而就的深

红色图案，也有经过精心构思的精确的几何图案。这种色彩搭配不但抢眼还相当赏心悦目，再加上美丽的图案，使陶器具有强烈的艺术感染力。另外，婵荷公主注意到这种图案不同于泰国已发现的任何一种，倒是有几分像古希腊的陶器图案。这太怪了！"这件陶器真是太有意思了！"婵荷公主说，"我从未见过这样的东西。"这位酷爱艺术的公主出于对文物的敏感，亲自去了一趟班清。她挨家挨户地搜集文物，最后，不仅带回了大量的陶器，还带回了不少的青铜制品。

婵荷公主不知道班清有过什么，但深知这些文物非比寻常。这些陶器的形状各异，最令人惊叹的是一些颈部只有一根筷子那么粗的高花瓶，即使是用现代技术也很难

做成那样。古人是怎样做到的？还有一些粗矮的大缸，上面又有着精致得不可思议的图案，显得很不协调。这又是为什么？

婵荷公主知道在佛教盛行的泰国大规模开挖墓葬很难得到王室批准，她决定借助国外的力量。她将陶器全部拍成照片并编印成册向国外发行。图片发表之后轰动了整个世界，因为，在亚洲的其他地方从未见过这样的陶器出土。泰国怎么会有这么古老的陶器呢？至少有十几个国家的考古学家云集班清，希望能找出这些陶器的渊源。

1968年，美国著名的艺术史学家伊丽莎白·莱昂斯把一些陶器碎片送到费城大学的考古研究中心。经测定，班清的陶器是公元前4000年左右制造的，几乎和两河文明的年代一样久。这是令人难以相信的，一般认为，泰国的可考历史至多有1500年。以后又多次测试班清陶片，结果都是一样的。

难道班清曾是世界古文明的摇篮之一？东南亚是一个向外流淌文化的源泉吗？

1974年，在联合国的资助下，

人们开始对班清小镇的古墓葬进行挖掘。开挖的第一天，人们的期望值并不很高，很难想象这个人口不足5000人，世代以种稻为生的小镇会有很悠久的历史。然而，当挖到5米深时，一种考古者熟知和梦寐以求的土层出现了：这是六层界限分明的墓葬，最深的一层是公元前4000年的，最浅的一层也可追溯到公元前250年。这可大大地超过了泰国的可考历史。

挖掘工作一发而不可收，到1986年，人们在班清挖出了各种文物18吨，其中有大量的青铜器和金银装饰品。

有人说，班清的宝藏是永无穷尽的，因为这里有成千上万个古墓葬，超过埃及的国王谷。这个不知名的文明的地域范围远远超过玛雅文明，不亚于印度河文明。

最新的研究显示，这里的文明起源于种稻，但很快有了作坊工业。早在纪元前3000多年，班清人已经掌握了冶铁技术，比中国和中东要早得多。那时，世界各地的文明先发者开始了农耕，有了制作石器的技术。班清人却已经开始用难以想象的几何图案制作手镯、项链、兵器、工具和陶器了。什么人是他们的祖师？班清宝藏的无穷魅力还在于它一直不为人所知，这是为什么呢？考古学家开始寻找那些较大的墓葬，期望能找到帝王、找到学者、找到能工巧匠的名字。他们想了解班清的文明是自发的，还是受了别人的影响！

班清工艺品上的图案和古希腊的很相似，但古希腊文明比班清要晚一些。两个文明有没有交流、影响？如果有的话，是通过什么样的途径影响的呢？

还有，中东早期的铜器是红铜与砷的混合物，但到公元前3000年前，锡突然取代了砷。中东的锡是不是来自班清？因为班清的青铜就是红铜和锡的混合物。这是因为班清所处的呵叻高原的山脉中，至今仍以铜、锡储量丰富而闻名于世。

这是一个辉煌的文明，这是一个不可一世的文明，但为什么史书上没有一点儿记载呢？班清在古代的作用是什么？冶炼基地？驿站？贸易中转站？都市？还是……

这样的讨论看来还要进行好多年。与此同时，来自班清的诱人宝藏将会慢慢地越积越多。它们不会说话，但却有说服力。它们也许会证明，这里存在过一个举世无双的文明。

默默无闻的班清却蕴藏着无数诱人的宝藏

可可岛上的珍宝之谜

⦿ ⦿ ⦿ ⦿ ⦿ ⦿ ⦿ ⦿ ⦿ ⦿ ⦿

自从1535年西班牙殖民头子弗朗西斯科·皮萨罗占领秘鲁直到1821年秘鲁独立，利马始终都是南美西班牙殖民地总督的驻地。当年，殖民军大肆杀害印第安人，并从他们那里搜刮了大批金银饰物，聚敛到利马，然后定期装船运回西班牙。所以，利马号称"富甲南美洲"，甚至吹嘘连大路都是由"金银铺砌而成"。科克伦勋爵在海上击溃了西班牙人的三桅战舰"埃斯梅拉达"号和其他几艘战舰。圣马丁将军英勇善战，也很快就逼近利马城下。龟缩在利马城中的西班牙达官贵族们惶惶不可终日，再也没有了往日的威风，纷纷准备逃离利马。当然，他们舍不得把多年来敲骨吸髓掠夺到的财宝丢掉，至少也要把能带走的东西带走。但是，当

时只剩一条海路可以逃出利马，而可以横渡大海去西班牙的就只剩下爱尔兰船长汤普逊的一条富丽堂皇的双桅横帆帆船"玛丽·迪尔"号私船了。而且，汤普逊这时也准备起锚以避开迫在眉睫的最后决战。于是，利马的西班牙达官贵族们不惜用重金租下了"玛丽·迪尔"号帆船。他们整整花费了两天的时间，把城里几乎所有能带走的贵重物品都装上船，其中有属于私人财产的杜卡托(威尼斯古币)、金路易(法国古金币)、皮阿斯特(埃及等国古金币)、首饰、珠宝、金银餐具，以及教堂里的各种圣物盒、金烛台和祭祀用品，还有珍贵的图书、档案和艺术珍品等。

在"玛丽·迪尔"号满载着乘客和贵重物品起航后，汤普逊船

长就决定不将此船开往预定的目的地——加的斯(西班牙港口)或任何其他西班牙港口。其实，汤普逊原先也并不是一个海盗，但是他被装在自己船上的这些无法估价的财宝弄得完全神魂颠倒了。

汤普逊驾驶着帆船径直朝北驶去。一天晚上，他终于在自己船员们的协助下，残酷地把船上的乘客统统扼死后扔进了大海。"玛丽·迪尔"号从此成了一艘名副其实的海盗船。汤普逊经过一番考虑，决定将船开往可可岛。这主要是因为，几个世纪以来，可可岛与世隔绝的地理位置有助于摆脱任何海上监控和追踪，它已成为南美洲海盗们一个颇有吸引力的避风港。汤普逊将船上的主要财宝小心翼翼地埋藏在可可岛之后，毁掉了"玛丽·迪尔"号帆船，与船员们分乘小艇去了中美洲。他们谎称在海上遇到了无法抗拒的狂风暴雨，船触礁沉没了。但是，尽管汤普逊大肆宣扬了很久，他的海盗行为还是被完全识破了。他的同伙们在酷刑下供出了实情，并受到了惩罚。

汤普逊在临死前，也许为了摆脱良心上的谴责，决定向自己的好友基廷透露可可岛上的藏宝秘密。他给了基廷一份平面图和有关藏宝的位置的资料。

基廷按照汤普逊所说的，先后三次登上可可岛，带回了价值5亿多法郎的财宝。但是"玛丽·迪尔"号船上的主要财宝却始终没能找到。后来，基廷又将可可岛的秘密告诉了好友尼科拉·菲茨杰拉德海军下士。由于这位海军下士太穷，没有钱找到一条船，所以一直没能去可可岛。菲茨杰拉德临死前，决定将自己知道的藏宝情况告诉曾经救过自己性命的柯曾·豪上尉。不过，柯曾·豪上尉也是由于种种原因，没有去成可可岛。就这样，有关可可岛上藏宝的资料年复一年地遗赠着、传递着，后来还被盗窥过、交换出售过。

在澳大利亚悉尼的"海员和旅游者俱乐部"里，保存着一封菲茨杰拉德根据基廷提供的情况写成的一份资料，描述了几名探宝者潜入水中却一无所获的经过。

这些记载虽然很详细，但有着明显的矛盾之处。藏宝地点莫衷一是。

1927年，法国托尼·曼格尔船长从悉尼"海员和旅游者俱乐部"复制了这份资料。他带着得到的这些资料，曾于1927年和1929年两次去可可岛上寻找藏宝。托尼·曼格尔发现，汤普森标出的有关藏宝位置的数据是错误的。汤普逊是在1820年埋藏这笔财宝的，他当时用的是一个八分仪，这种八分仪在1820年就被回收不再使用了，因为它有很大偏差。托尼根据1820～1823年的航海仪表资料，校正了汤普逊的数据。托尼认为，汤普逊的那笔财宝就埋在希望海湾南边和石磨岛西北边的海下。托尼·曼格尔在那里还确实找到了一个在落潮时近一个小时里可以进入的洞穴！然而，由于他"犯了一个不谨慎的错误，是独自一人去可可岛的"，而在那个地方，水流特别急。正当他在水下竭力排除洞外杂物时，越来越多的水涌到了洞口，差一点把他淹死。他拼命挣扎了半天总算回到了岸上。他以为"这是对藏宝寻找者的诅咒"，从此再也不敢去那里冒险了。

随着时间的推移，有关可可岛藏宝的资料越来越多，而且都自称是可靠材料。美国洛杉矶一个有钱的园艺家詹姆斯·福布斯拥有第三份平面图。他曾经带着现代化的先进器材五次去过可可岛，遗憾的是，最终一无所获。

当年利马城里的无价之宝究竟藏在哪里呢？也许它们仍然沉睡在可可岛上某个神秘的角落。只有展翅雄鹰的锐利目光才能透过岛上谜一般的"红土"和"黄沙"，看到宝藏寻找者们的梦中之宝！

神秘的所罗门财宝和黄金约柜

◉ ◉ ◉ ◉ ◉ ◉ ◉ ◉ ◉ ◉ ◉ ◉ ◉ ◉

公元前11世纪，犹太国王大卫（前1000～前960）统一了以色列和犹太，建立了以色列—犹太王国，将迦南古城耶路撒冷定为统一国家的首都和宗教中心。大卫死后，他的儿子所罗门（前960～前930）即位。所罗门统治时期，是以色列—犹太王国手工业、商业，特别是对外贸易的全盛时期，被古代一些史籍描写成犹太人历史上的"黄金时代"。

在古代一些文艺作品和历史传说中，所罗门往往被说成"理想国王""贤明统治者"，其实他是一个极残暴的君主，对周围地区征收繁重的赋税，实施强迫劳役，命令人们在耶路撒冷锡安山上建造豪华的宫殿和神庙。《圣经》记述了所罗门建造耶和华神庙的情况："所罗门决意要为耶和华的名字建造殿宇，又为自己的国家建造宫室。于是，他成立了一支建筑队伍，包括7万扛抬的、8万在山上凿石头的、3600名督工的。"

按《圣经》所说，所罗门命令修建神庙的15万人都是住在以色列的外邦人，此外，他还从以色列人中挑选3万民工服劳役，整个工程费时七年。这个神殿坐西朝东，长为200米，宽为100多米，建筑结构严谨，造型美观，内部装饰极为华丽。这个神殿成为古犹太人宗教和政治活动的中心，教徒们都去那里朝觐和献祭敬神。"亚伯拉罕圣岩"围在神殿中央，圣岩长为18米，宽为2米，是一块花岗岩，它由大理石圆柱支撑，下面的"岩堂"高达30米。"岩堂"里设有祭坛，坛上存放着刻有"摩西十诫"的石块的圣箱。在圣箱内，除存放着这些戒条外，还收藏着"西奈法典"。圣箱是用黄金制的，被称为"耶和华约柜"，也叫作"黄金约柜"，它被古代犹太人视为关系着犹太民族兴衰存亡的"镇国宝物"。所罗门在"亚伯拉罕圣岩"下修建有地下室和秘密隧道。据说所罗门把大量的金银珠宝存放在秘密隧道和地下室里——这就是历史上举世闻名的"所罗门财宝"。

所罗门死后，他的继承者耶罗波安执政时期，北部的以色列人在耶罗波安的领导下，得到埃及的支持，攻陷耶路撒冷城，随之以撒马利亚城为首都，于公元前928年建立以色列王国。公元前586年，巴比伦军队在耶路撒冷城内大肆烧杀抢掠，神殿也被付之一炬，变成废墟，巴比伦军队没有发现"所罗门财宝"和"黄金约柜"，它们哪里去了呢？据一些人估计，有两种可能：一、在巴比伦军队未入耶路撒冷城之前，祭司们早已把"所罗门财宝"和"黄金约柜"搬运到别的地方，隐藏起来了；二、可能仍然

存放在神殿圣岩的地下室和秘密隧道里，但由于地下室和秘密隧道曲折幽深，结构复杂，像"迷宫"一样，因此，巴比伦军队根本无法进入地下室和秘密隧道。从此以后，关于"所罗门财宝"和"黄金约柜"究竟藏在何处的问题，众说纷纭，谁也弄不清它们的真相。

公元前538年，波斯国王居鲁士攻占巴比伦城后，释放了被囚禁在巴比伦的犹太人，约有4万多犹太人趁机回到耶路撒冷，重建了耶路撒冷神庙。从公元前4世纪起，马其顿、托勒密、塞琉古诸王国相继侵占耶路撒冷，他们都曾想方设法地寻找"所罗门财宝"和"黄金约柜"，可是，结果都不知其下落。

罗马皇帝君士坦丁（306～337），大力提倡基督教，在耶路撒冷神殿废墟上建造了基督教大教堂，在"亚伯拉罕圣岩"上建造了祭坛。伊斯兰教兴起后，倭马亚王朝的阿卜杜勒·马立克（685～705），在耶路撒冷建造了清真寺。后来在耶路撒冷神殿断垣残壁的旧址上建立起城墙。公元11～13世纪，十字军东征时，许多人涌进耶路撒

冷，四处寻找，可是没有人能找到"所罗门财宝"和"黄金约柜"。

两千多年来，人们寻找"所罗门财宝"和"黄金约柜"的活动一直未曾停止过。20世纪初，先有英国的几个冒险家潜入耶路撒冷城内，事先用金钱贿赂守夜人，在夜深人静时悄悄进入神殿，撬开圣岩边的石板，挖掘泥土，把挖出的泥土运到墙外，直到快天亮时，把原来撬开的石块照原样盖好，不留痕迹，天亮前他们悄悄地溜走。这样，一直秘密地连干了七个晚上，洞越挖越深，却毫无发现。到第八天清早天快亮时，他们的秘密活动被人发现，附近的教徒们被喊声惊醒，纷纷手持木棍等多种武器跑出来抓贼，那几个冒险家被吓得慌忙逃跑。事后，教徒们知道了守夜人接受英国冒险家贿赂的真相。从那以后，教徒们夜晚加强了对神殿的守卫。

有些人认为，"所罗门财宝"和"黄金约柜"，可能早在距今约两千多年前，即在公元前586年新巴比伦王国军队攻入耶路撒冷城之前，就已经被转移到"尤安布暗道"里隐藏起来了。

关于"尤安布暗道"，有一段很古老的来历。据传说，早在公元前11世纪左右，耶路撒冷被外来民族——以布斯人侵占了，所罗门的父亲大卫率领犹太部落去围攻耶路撒冷城的以布斯人。由于耶路撒冷城墙高耸，以布斯人防守严密，所以大卫久攻不下。一天夜里，大卫部下一个名叫"尤安布"的军官感到口渴，他从军营地来到城边河谷底，发现一个洞窟里涌出泉水，并听到洞里传出阵阵用铅桶打水的声音，他感到很奇怪，钻进洞窟一看，只见一个系着绳子的铅桶正在洞窟深处往上升，他想了想，就明白了：由于耶路撒冷城里很缺水，以布斯人从城内挖了一条长长的地道通到城外的河谷底，每天深夜，以布斯人经过这条地道来到这里汲水。尤安布立即回军营向大卫报告：他发现了一条进入城内的暗道。随后，他带领一支军队悄悄地进入城边河谷底的洞窟，经过暗道进入城内，杀死守夜的哨兵，打开城门，迎接大卫军队进城，打败了城内的以布斯人，这样，大卫就很快地占领了耶路撒冷，并把它定为

"以色列—犹太王国国都"。

由于这条暗道是尤安布发现的，立了大功，所以后人把它简称为"尤安布暗道"。《圣经》里曾提到尤安布等通过暗道攻入城内打败以布斯人的故事，但没有写明暗道在哪里。到所罗门继任国王时，在耶路撒冷锡安山上建造豪华的宫廷和耶和华神殿，并在"亚伯拉罕圣岩"下面修建了地下室和秘密隧道。据传说，所罗门的秘密隧道与上述"尤安布暗道"相通。

新巴比伦王国军队在耶路撒冷没有找到"所罗门财宝"和"黄金约柜"。以后的两千多年来，有些人一直怀疑，很可能在"尤安布暗道"里隐藏着"所罗门财宝"和"黄金约柜"。但"尤安布暗道"究竟在哪里呢？谁也说不清楚。直到1867年，英国军官沃林上尉在耶路撒冷近郊游览时，偶然发现一个曲折幽深的洞窟，他钻进洞内，一直往前走，经过许多人工凿成的石阶，走到一个水池旁，又发现一眼泉水，他猛一抬头，突然看到岩顶上有个圆洞，他用一根爬山绳爬上圆洞，再顺着暗道继续往前走，

经过一道阶梯，大约上了三十多米高，又发现一条曲折的暗道伸进漆黑的山洞，走出了这个山洞后，他终于进入了耶路撒冷城内——他喜洋洋地宣称：古代"尤安布暗道"被他发现了。但他在暗道里并没有发现"所罗门财宝"和"黄金约柜"。有些人不同意英国军官沃林上尉的论断，他们认为，沃林上尉所发现的并不是古代"尤安布暗道"，而是过去人们不知道的另一条地道。

据《圣经》以及其他一些古籍记载，所罗门娶了一位埃及公主为妻后，他还与阿拉伯南部的示巴国王联婚，示巴女王来到耶路撒冷城访问时，带来了一支很大的骆驼队。两千多年来，在国外还有这样两种传说：一说"所罗门财宝"和"黄金约柜"后来由所罗门与示巴女王生的儿子偷了出来，运到阿拉伯南部或运到埃塞俄比亚古都阿克苏玛隐藏起来了；另一说由埃及公主偷运到埃及隐藏起来了。许多人曾跑到阿拉伯南部、埃塞俄比亚、埃及等地去寻找，都不见其踪影。

有些人坚信，"所罗门财宝"

和"黄金约柜"仍在耶路撒冷的秘密地道里。20世纪30年代，美国两个冒险家——理查德·哈里巴特与莫埃·斯泰市，避开人们的耳目，悄悄地钻进传说中古代尤安布发现的那个洞窟，两人随身携带着手电、铁铲等物，怀着十分恐惧的心情，在阴森森的地道里摸索前进，找到一处土质不同的地方，发现前面有两条曲折的地道，两人估计其中有一条可能是古代以布斯人出城取水的旧道；另一条可能是通向"亚伯拉罕圣岩"的秘密隧道。两人决定沿着其中的一条向前走去，走了约150米左右，似乎隧道已到了尽头，连接着的是朝上去的石阶，可是台阶与通道都被大量泥沙堵塞了，无法前进。二人用随身携带的铁铲不断地挖掘泥沙，挖出的泥沙就堆在地道里，地道几乎被泥沙塞住了退路，可是，台阶上的流沙却仍然不断地流下来，就像有什么人在故意捣乱似的，似乎永远无法清除台阶上那些源源不断的流沙，两个人觉得台阶上似乎有威力无穷、不可捉摸的神秘力量在使流沙不断地流下来，越挖掘，流沙就

越流越多，如果停止不挖，流沙也就停止不流，两人心中十分害怕，惊慌失措，急忙沿着原路退回。出来之后，两人竭力夸大和渲染地道里恐怖可怕的情景，令人听而生畏。1939年3月，理查德·哈里巴特乘小帆船横渡太平洋，遇到狂风恶浪，帆船沉没，遇难身亡。从此，再也没有人知道那条神秘的隧道了。

另有一些学者认为，所罗门担任国王时，经常派船出海远航，每次归来总是金银满舱，所以人们纷纷猜测，在茫茫大海中必有一处宝岛是所罗门王贮藏黄金的宝库，那些黄金就是从那座海岛的宝库中载运回来的。但这始终是个谜。

到了1568年，西班牙航海家门德纳率领一支考察队第一次踏上这个海岛时，他们见到岛上土著居民身上都佩戴着金光闪闪的黄金饰物，以为是找到了古代所罗门王的黄金宝库。于是把这里取名为"所罗门群岛"，这就是所罗门岛国名称的由来。从此以后，欧洲很多人跑到所罗门群岛去寻找"所罗门财宝"。由于所罗门群岛位于西南

太平洋中，由6个大岛和900多个小岛组成，散布在60万平方千米的海面上，岛上全境90%的面积覆盖在泻翠滴绿的森林丛莽中，因此，寻宝活动很难开展，几百年来，千千万万的寻宝者在这个岛上一无所获。有人认为，所罗门群岛上并没有"所罗门财宝"。

"所罗门财宝"和"黄金约柜"究竟被隐藏在哪里？这已成为千古奇谜。直至今天，国外还有许多人正在想方设法力图发现这个古代秘密。

"希望"蓝钻石之谜

◉ ◉ ◉ ◉ ◉ ◉ ◉ ◉ ◉

　　"希望"蓝钻石是世界上屈指可数的钻石王之一。1947年，"希望"蓝钻石的标价为1500万美元，这是它的最后一次标价。而如今，"希望"蓝钻石的价格已远不止如此了。自从1947年后，"希望"蓝钻石再也没有被拍卖过。1958年，"希望"蓝钻石被占有它的最后一个主人、美国珠宝商海里·温斯顿捐赠给了华盛顿史密斯研究院。在该院的珠宝大厅里，"希望"蓝钻石陈列在一个防弹玻璃柜里，与各国帝王加冕礼上用过的珠宝媲美。那幽幽的蓝光仿佛在向来自世界各地的游客诉说着它那神秘的历史。

　　"希望"蓝钻石问世于500年前，在印度鳊基伯那河畔的一座废弃的矿井里，一个路过的老人偶尔瞥见一块熠熠闪光的石头。经辨别，竟是一枚硕大的蓝钻石。老人请工匠将钻石进行粗加工，加工后的蓝钻石还有112.5克拉。老人去世后，他的三个儿子为这枚钻石大打出手，结果钻石被族长充公，下令镶嵌在神像的前额上。

　　一天深夜，一个抵不住钻石蓝光诱惑的年轻人偷走了钻石。但仅仅几个小时，他就被守护神像的婆罗门捕获，活活被打死，成为蓝钻石的第一个牺牲者。蓝钻石重新被镶嵌在神像的前额上。

　　17世纪初，一个法国传教士用斧头劈死两个婆罗门，用沾满鲜血的双手将蓝钻石攫为己有。传教士将蓝钻石带回了自己的故乡，可是在一个雷雨交加的晚上，他被割断了喉管，蓝钻石也不知去向。

　　40年后，蓝钻石落入巴黎珠

宝商琼·泰弗尼尔手中，他随即脱手，将钻石卖给了法国国王路易十四。数年后，琼·泰弗尼尔到俄国做生意，竟被一条野狗活活咬死。

路易十四对这枚蓝钻石爱不释手，经过琢磨，他把蓝钻石镶嵌在象征着王权的王杖上，取名为"法国蓝宝"。可是不久后的一天，他最宠爱的一个孙子不明不白地死去了。路易十四受此打击后，不久也撒手归天。

路易十四死后，"法国蓝宝"落入蓓丽公主之手。她将钻石从王杖上取下，作为装饰挂在她的项链上。1792年9月3日，在一次偶发的事情中，蓓丽公主被一群平民百姓殴打致死。

"法国蓝宝"由蓓丽公主的宠物变为路易十六的珍玩。可是一场法国大革命的风暴把国王路易十六和王后玛丽·安东尼送上了断头台。"法国蓝宝"在这场大革命中被皇家侍卫雅各斯·凯洛蒂乘乱窃取。

法国临时政府在清点国库时，发现"法国蓝宝"失踪，于是贴出告示：凡私藏皇家珍宝者处以死刑。侍卫雅各斯·凯洛蒂闻讯后终日不安，精神发生错乱，最后自杀而死。

"法国蓝宝"40年后为俄国太子伊凡觅得。伊凡在寻花问柳时，为了讨得一个妓女的欢心，竟将"法国蓝宝"拱手相赠。一年后，伊凡另结新欢，对赠宝之事后悔不已，决定追索回来。可是，那个妓女死活不依，伊凡一剑刺死妓女，夺宝而归。然而时过未久，伊凡皇太子在宫中死于非命。

神秘的"法国蓝宝"给占有它的主人带来的厄运比巫师的诅咒还要灵验，人们视之为不祥之物。尽管如此，世界上还是有许多贪婪的目光盯着它，希冀有朝一日成为拥有它的主人。

"法国蓝宝"从伊凡皇太子手里转移到女皇加德琳一世手里。女皇意欲将钻石镶在皇冠上，于是命人将"法国蓝宝"送至荷兰，交由堪称世界上一流手艺的威尔赫姆·佛尔斯进行精心加工。经过威尔赫姆·佛尔斯的精心雕琢，"法国蓝宝"被切割成现在见到的样子，它的每个面都闪着诱人的蓝光。加工后的钻石重44.4克拉。钻石加工好以后，钻石匠的儿子不辞而别，将钻石带到英国伦敦去了，无法交差的钻石匠服毒自杀，以谢女皇。而他的儿子后来在英国也自杀身亡，死因不明。

英国珠宝收藏家亨利·菲利浦在一个不愿透露姓名的人手里以9万美元购得了这颗钻石，命名为"希望"。1839年，亨利·菲利浦暴死。他的侄子成为"希望"蓝钻石的主人。这位钻石的主人将钻石置于展厅公展。

二十世纪初，一个叫杰奎斯·赛罗的商人购得了"希望"蓝钻石，但不久莫名其妙地自杀了。

钻石又流落到一个俄国人康尼托夫斯基手中，此人不久遇刺而死。

哈比布·贝购下了钻石，接着转卖给西蒙。传来消息说，哈比布·贝及其家人在直布罗陀附近的海中不幸淹死。西蒙则在一次车祸中全家丧生。

钻石辗转到了土耳其苏丹阿卜杜拉·哈密特二世手中，一个王妃为此丧生，苏丹本人于1909年被土耳其青年党人废黜。

"希望"蓝钻石的下一个主人是华盛顿的百万富翁沃尔斯·麦克林夫妇。自从拥有这颗钻石以后，灾难就像影子一样追随着他们，他们的儿子和女儿先后遭遇了不幸。

1947年，海里·温斯顿以1500万美元购进"希望"蓝钻石，成为该钻石的最近一个主人。

"希望"蓝钻石自问世以来，历经沧桑，周游列国，其间，更易的主人有数十人之多。可是"希望"蓝钻石并没有给占有它的主人带来希望，相反，除少数几个人外，其余的主人屡遭厄运，甚至命丧黄泉。这是巧合还是冥冥之中存在着一种人们尚未知的神奇的力量呢？也许有一天，"希望"蓝钻石能够告诉人们这个秘密。

夏朗德人的圣宝之谜

◉ ◉ ◉ ◉ ◉ ◉ ◉ ◉ ◉

夏朗德位于法国西南部，居民虽然只有一千多人，但却是一座历史名城。1569年，法国科利尼地区海军司令手下的一名中尉罗日·德·卡尔博尼埃男爵在占领夏朗德以后，不仅纵火烧毁了夏朗德修道院，而且屠杀了所有的修道士。这座中世纪早期的历史瑰宝，在经历了整整40年的兴盛变迁后，终于难逃劫数，被毁灭了。虽然修道士们早已十分谨慎地把圣物和财宝隐藏了起来，然而，由于没有一个修道士能逃脱灭顶之灾，这批圣物和财宝也随之成了千古之谜。

夏朗德一带常常有一些神奇的事情发生，且与财宝有关。如每隔七年，在春暖花开的季节总有不少宣称"修道院的珍宝将出现在圣体显供台下"的布告张贴在夏朗德的大建筑物正门和古老市场的柱石上。这些布告也确实并非纯属无稽之谈。几百年来，夏朗德居民一直都会不时地奇迹般地发现闪闪发光的金银财宝和各种罕见的圣物。这也许是财宝埋藏的位置造成的，这一位置形成巧妙的折射现象，将金银财宝和圣物显现出来。这使人们更加坚信这笔财宝一定保存于此。

这些珍宝究竟藏在何处？这是一个十分难解的谜。夏朗德的地下布满着纵横交错的网道。这些地下网道大部分都跟地面建筑物接通。一部分地下网道与城堡相连，一部分地下网道与修道院、教堂接通，另一部分地下网道则与住宅、庄园相通。地下网道之间彼此连接。但近年来，这些地下通道大多数已被居民们用水泥砌的厚墙所隔断，有的则早已塌方，所以要清理发掘这些地下通道几乎已不可能。因此必须寻找其他线索，如是否存在指明财宝埋藏地点的说明或图纸；若有，就先要找到这一地图。另外，各种传说也许能为寻宝提供一些有价值的线索。

1568年，有一名年轻牧人克莱蒙为了逃脱胡格诺派(16～18世纪法国天主教徒对加尔文新教徒的称呼)的迫害，躲进夏朗德附近的一个山洞中。他在山洞中偶然发现一个地下通道网。他沿着其中一条地道一直走了两天以后，发现有一个出口就在离夏朗德4千米处一个极为隐蔽的地方。据克莱蒙讲，这条地道之宽足以让一名骑士骑着自己的坐骑大摇大摆地行进，而且地道里还有一大一小两座教堂：大的可能属于夏朗德城的楠特伊·昂·瓦莱修道院，小的也许属于夏朗德的圣索弗尔修道院。看来，这些地道结构是非常复杂的，这说明其功能是多样的：藏宝、作战、修道等。克莱蒙的这次奇遇在他的子孙中间一直流传着。法国作家马德莱娜·马里亚还把这一传说写进了《夏朗德人的故事的传说》一书之中，此书被列为"寻找夏朗德城珍宝的参考书之一"。

而且，牧羊人克莱蒙的传说看来是真实可靠的。因为，据住在离夏朗德附近4千米(这与克莱蒙的说法是相吻合的)处的巴罗尼埃小村里的维尔纳太太说："50年前，我父亲对我讲，山洞里有一条可以通到山冈底下的地道。他曾在地道里看见过一座很高的大厅，像教堂一样，四周有100个凳子。这个地下工程一直延伸到很远的地方，可以通过夏朗德城的楠特伊。"维尔纳太太所讲的这些与克莱蒙所看到的一切都惊人地相似，但奇怪的是，维尔纳太太从未听说过克莱蒙的传说。这也许表明，已经不止一个人进入过这条地下通道。另外，据当地传说，圣索弗尔修道院当年曾筑有一条20千米长的地下通道，可以直达夏朗德城的楠特伊·昂·瓦莱修道院。因此，如果这个神秘的地下通道网确实像牧羊人克莱蒙所讲的那样，那么夏朗德修道院的财宝，尤其是那些体积大且价值昂贵的财宝和圣物珍品，像金盘子、枝形大烛台、餐器，很可能藏在那里，因为那里不但安全，而且易于保护。

前几年，夏朗德有一群孩子在玩捉迷藏游戏时，在佩里隆家所在地区的一幢老房子下面发现过一条地道。孩子们非常好奇，他们偷偷溜进地道中，借着手电筒的亮光，没走多久就发现远处有一个带三个跨度的拱顶大厅，里面还有一个石头祭台。它很可能是一座地下教堂。修地下教堂的目的何在呢？有的历史学家认为这完全是出于一种宗教虔诚，是想表明不但在地上，而且在地下人们都供奉上帝；有的人认为这一看法不符合实际，小教堂也许是一种标志，很可能是指明财宝藏于何处的标志。从这个被认为是地下小教堂大厅伸延出去的地道已经有1/3地方被塌下来的土所填满。据那幢房子主人的一个孙子说，他小时候曾跟着父亲在这条没完没了的地道中走了一两千米，直到夏朗德河边附近时才发现地道早已被填塞。他父亲经过仔细观察后认为，过去有一些人也曾进入过这

夏朗德风光

个地道，他们很可能发现了一笔财宝，但在挖掘时，由于误触了机关而使地道塌方，结果人财两空。许多人都相信这一看法，慕名来此，想进入地道看看。遗憾的是，这块地方的主人G太太虽然承认确实有过这样的发现，但就是不同意让人发掘，甚至拒绝考古工作者进入这里的地道，致使研究这一地道的工作停顿了下来。当地人还说，有一条从一个谷仓底下开始的地道可通到圣索弗尔修道院及其四周附属的八座教堂。这条地道在朝G太太的房子方向另有一条支道可通往一座地下小教堂，从那里又可以继续通往巴罗尼埃村附近的一个山洞。在这个山洞里还有一个入口，可直达一座地下大教堂，在大小教堂底下还有一些地道通往神秘的地方。在这里藏着巨额财宝。

总之，在这座布满着迷宫一般的地下网道和大小教堂的古城夏朗德，有着足以勾起世人凭吊之情的断垣残壁，有着让人激动不已的珍宝、圣物，也有着令人遐想联翩的栩栩如生的传说，还有古老的文化和风情。在夏朗德人脚下仍然沉睡着祖宗们留下的难以估价的珍宝。

雷恩堡的秘密宝藏

◉ ◉ ◉ ◉ ◉ ◉ ◉ ◉ ◉

雷恩堡是法国南部科尔比埃山中的一座小城镇，坐落在奥德省首府卡尔卡松市南边约60千米处。雷恩堡的教堂耸立在山顶上，只有一条长为5千米的崎岖不平、峰回路转的上城道可以通到那里。雷恩堡虽然地处偏僻，但奇闻迭生，至今仍充满着神秘的色彩，远的故事还得从一个牧羊人讲起。

早在17世纪，雷恩堡附近有一位牧羊人伊卡斯·帕里斯，因为牧羊时丢失了一头母羊，在寻找母羊途中，偶然发现地下有条大裂缝。他走下裂缝，看到有条幽深不见底的地道。沿着地道一直往前走，最后走进一座尸骨横陈，箱子满地的地下"墓穴"。帕里斯先是惊恐万分，不停地祷告，生怕地下会有人突然爬起来将他弄死。大概是好奇

心的驱使，他大胆地打开了箱子，原来里面全是金币！帕里斯将金币装满了自己的口袋，匆匆跑回家中。然而，帕里斯的暴富还是很快就传遍了整个雷恩堡。有的人嫉妒，有的人羡慕。由于帕里斯始终不愿透露自己金币的真正来历，结果被指控犯了偷窃罪，最后冤死于狱中。但是，他至死也没有讲出地下墓穴的秘密。直到200年以后人们才知道了真相。

1892年，沧桑的200年历史使雷恩堡的居民似乎早已忘却了帕里斯的冤案，他们更不晓得地下墓穴的秘密。但正是在这一年，一个极偶然的机会，又使雷恩堡教堂神父贝朗热·索尼埃跨入了神秘的地下古墓，从而出现了法国近代轰动一时的奇闻。贝朗热·索尼埃是1885

年被任命为雷恩堡教堂神父的。他到任不久就赢得了当时刚满18岁的漂亮少女玛丽·德纳多的好感。索尼埃神父不仅有如此好的艳遇，交了桃花运，而且他好运有加，一笔巨额财富也在冥冥之中向他招手。也许这是索尼埃神父虔诚侍奉上帝的结果，上帝向他"显灵"了。1892年，由于索尼埃神父待人热心和脾气好，从而受到了教区的尊敬，得到了一笔2400法郎的市政贷款以修缮他的教堂和正祭台。一天上午九点多钟，从邻镇库伊萨来的泥瓦匠巴邦在修缮教堂屋顶时，叫神父帮他在几根打过蜡的空心圆木柱中挑一根作为正祭台的柱子。神父随手拿起一根圆木，发现里面有一卷陈旧的植物羊皮纸，纸上写着一些带拉丁文的古法文。乍一看，这无非是《新约全书》里的一些片段。但索尼埃凭直觉猜想，这里边肯定有文章。于是这位神父对巴邦轻描淡写地说："这是大革命时期的一堆废纸，没有什么价值。"巴邦中午在客栈吃饭时对周围的人讲起了此事。镇长闻讯后也来问及此事。索尼埃神父把植物羊皮纸拿给

镇长看了看，但老实巴交的镇长本来识不了几个字，这羊皮纸上的字是一个也看不懂，事情就这样平静了下来。

当然，事情不会就此了结。索尼埃神父很快就中断了教堂的工作。他竭力想弄懂这卷羊皮纸上的文字。他认出了上面写着的一段《新约全书》中的内容，还发现了上面有法国摄政王后布朗施·德·卡斯蒂耶的亲笔签字以及她的玉玺印章。除此之外，仍是一团疑谜。于是，他在1892年冬天动身去了巴黎，求教不少语言学家。当然，出于谨慎，他给语言学家们看的仅是一些残片断简、只言片语。最后，他终于领悟到，羊皮纸上写的是有关法国女王隐藏的一笔1850万金币(1914年值185亿法郎)巨宝的秘密。索尼埃神父在返回雷恩堡时仍然还没有搞清楚这笔巨宝究竟藏在何处，但已掌握了足够可靠的资料。索尼埃神父首先在教堂中寻找，没有发现任何痕迹。一天，玛丽在公墓中看到从奥特布尔·白朗施福尔伯爵夫人墓上掉下的一块墓志上刻着一些奇特的铭文。这些

铭文与羊皮纸上的文字是一致的。财宝会不会就藏在那座古墓底下呢？神父在玛丽的协助下，在公墓中悄悄地寻找了好几天，但并无多大进展。一天晚上，他们终于从伯爵夫人的墓志铭中得到启示，在一个早已空旷的被称为"城堡"的墓地底下发现了一条地道。他们顺着弯弯曲曲的地道向前行进，像牧羊人帕里斯一样，他们终于走进了一座神秘的地下墓穴，里面堆满着金币、首饰以及其他贵重物品！仿佛法国古代的财富全集中在此。索尼埃神父虽然有点飘飘然，但他并没有忘记存在着的危险：是不是还有其他人也知道这笔财富呢？藏宝人的后裔也知道这笔财富吗？于是索尼埃神父悄悄刮掉公墓中伯爵夫人墓石上的铭文。他精心地消除了所有能使他人发现地下墓室的蛛丝马迹，并且把那卷神秘的羊皮纸也一并藏进了只有他和玛丽知情的地下墓室。

神父和玛丽从地下墓室中弄出了不少金币和首饰，这一切都干得天衣无缝，无人知晓。之后，他们俩封闭了墓穴。神父和玛丽还拟定了一个掩人耳目的方案：由索尼埃

神父先去西班牙、比利时、瑞士、德国，把金币兑换成现钞，随后用玛丽·德纳多的名义通过邮局寄到库伊萨镇。到1893年时，索尼埃神父已经成了腰缠万贯的大富翁了。他重新翻修了整个教堂，将教堂装饰得富丽堂皇，显得十分肃穆。他翻建了住宅，在带喷泉和假山的花园里盖上了凉亭。他置田买房，还为公墓筑起了围墙。这一切都是以玛丽·德纳多的名义进行的。索尼埃神父娶玛丽为妻，迷人的玛丽一下子成了真正的城堡第一夫人。这一切突如其来的变化必然会引起各界的关注。暴富的结果带来一系列麻烦。先是镇长，后是主教、大主教、教皇都过问此事。雷恩堡镇镇长专门找过神父，询问过他的经费来源，还指责过他贪污、浪费公款、糟蹋公墓。花言巧语的索尼埃神父对镇长宣称，他继承了在美洲的一位叔父的遗产，并给了镇长5000金币(1914年相当于500万法郎)，镇长再也没有过问此事。负责管辖雷恩堡镇教堂的卡尔卡松市比拉尔大主教对自己辖下的神父索尼埃的所作所为也深感不安。他派人

进行调查。但索尼埃神父的金币、美酒和佳肴使这次调查不了了之，连比拉尔大主教也收到了一笔金币，从此他也沉默不语了。一切都很顺利。1897年，索尼埃神父开始兴建贝达尼亚别墅。这座带围墙和塔楼的别墅的费用相当于100万金币。为了四季能观赏鲜花，神父还盖了一座暖房，还有供他洗澡用的豪华浴室。

比拉尔主教的继承人德·博塞儒尔主教新上任后的第一件事就是再次要求索尼埃神父对他的一切行为做出必要的解释。但索尼埃没有理会这一切，继续干他自己的事。后来，教皇闻及此事，要求罗马法庭过问一下。索尼埃神父被传到罗马出庭。最后，法庭宣布停止索尼埃的神职。但是，索尼埃并不在意，他继续在自己别墅里的小教堂做弥撒、祈祷。有意思的是，几乎所有教区教民也都来他家中做祈祷、弥撒。结果使得新上任的神父非常尴尬，不得不发誓再也不去雷恩堡了。索尼埃还热心于公益事业，作为一名神父，他很关心雷恩堡的发展。他拟定了一个美化雷恩堡的新方案：他要修筑一条通往库里伊萨的公路，在雷恩堡兴建引水工程、水利设施，以及再盖一座塔楼供居民使用，购买一辆汽车来运送镇民等。他的预算开支达800万金币，这在1914年相当于80亿法郎。由此可见，雷恩堡的这笔财宝数额有多大。

1917年1月5日，索尼埃刚在几笔订货单上签完字后就病倒了。在索尼埃还没有来得及实施自己的新方案时肝硬化便夺走了他的生命。玛丽也过起了深居简出的生活，再也不接见任何来客。看来她也再没有去过神秘的藏宝古墓。这笔财宝的秘密就只有玛丽一个人知晓了。后来，出现了一个名叫"科比"的人，秘密藏宝地之谜被揭开现出了一丝希望。但科比先生的运气太差，事情是这样的：

1946年到1953年，诺尔·科比先生在玛丽晚年时认识了玛丽。当时，科比夫妇寄住在玛丽家中，整天陪玛丽玩乐，这赢得了玛丽的信任和友情。玛丽看到科比十分可靠，就决定将宝藏的秘密告诉科比。一天，一向守口如瓶的玛丽对科比说："您无须担忧，科比先生。您将会得到您花不完的钱！"

"我从哪儿去搞钱呢？"科比问道。

"这个嘛，你放心，我临终前会把一切都告诉您的。"

1953年1月18日，玛丽突然病倒后再也不省人事，带着她心中的藏宝秘密永远离开了尘世。可怜的科比先生没有能获知藏宝的秘密。从这以后，科比先生就像一只无头苍蝇一样在雷恩堡到处乱碰，企图找到这笔价值在185亿法郎左右的财宝。但是，直到1965年，科比先生经过12年苦心却徒劳无获的寻找后，终于认为想再找到那座神秘的地下墓室实在犹如大海捞针。事实上，也的确如此。如果说当年索尼埃和玛丽之所以能找到那座墓室，是有能指点迷津的植物羊皮纸和白朗施福尔伯爵夫人墓上的墓石上刻的铭文的话，那么现在的寻宝人则没有这一条件。要想找到墓穴，就必须先找到羊皮纸和墓石，但找到后者就像找到前者一样艰难。

尽管墓穴尚未找到，但有关这笔财宝的最初所有者是谁的争论却很激烈。据卡尔卡松市的历史学家们认为，这笔巨宝是1250年法国摄政王后布朗施·德·卡斯蒂耶藏在那里作应急用的。这笔财富至今已有七百多年的历史了。可是摄政王后为什么把这笔巨宝藏在雷恩堡这一十分荒凉偏远的地区呢？

事情是这样的：1250年2月，由于不堪贵族主的压榨和国王赋税的负担，由牧羊人、农奴和城市贫民为主的一场武装暴动曾一度席卷

丰富多彩的钱币吸引着人们打开无数宝藏的大门

了法国的北部和中部。为了躲避暴动的冲击，卡斯蒂耶摄政王后带人来到了雷恩堡。那时雷恩堡叫"雷达"，有近3000名居民，四周筑有坚固的城墙，易守难攻，被认为是一座攻不破的城堡。而且此城堡背靠大山、密林，退也容易。再说，雷恩堡又位于通往西班牙的大道上。必要时，还可以退往西班牙躲避一时。所以，摄政王后决定把雷恩堡作为临时的"道府"，把一笔国库巨宝隐藏在当年称之为"城堡主塔"底下的一个秘密处，以作为她需要时的储备金。这笔财宝足以供养一支数量可观的军队，它对于重建霸业具有重要意义。摄政王后死于1252年，临终前她把这桩秘密告诉了自己的儿子圣·路易国王。圣·路易国王十分警惕地守卫着这笔巨宝，并把一些知情者秘密加以逮捕、杀死。圣·路易国王临终前把这个秘密告诉了他的继承人腓力三世国王。他也同其前任一样监视着这笔财宝，把知内情者都通通处死，只保留着那卷植物羊皮纸。但是，勇敢者腓力三世还没有来得及把这个秘密告诉他的继承人——美男子腓力四世国王就

命归黄泉了。1654年，人们重建雷达镇，并改称为"雷恩堡"。从此，这笔巨宝的真正下落就成了历史谜案。

不过，有一些历史学家认为，索尼埃神父发现的这笔巨宝不一定就是圣·路易国王的母亲隐藏的财宝，而可能是法国古代一个叫"阿拉里克国王"的财宝。阿拉里克国王的首都当年也设在雷恩堡，据说这个国王骁勇善战，从征战中夺取了不少财宝。但这一说法不一定可靠，因为索尼埃所找到的墓穴是按照卡斯蒂耶的羊皮纸上的铭文找着的，而且金币铸造的时间是1250年前，不是古代的货币。还有一些人认为，这也许是中世纪法国的异端教派纯洁派的财宝，因为雷恩堡曾经是纯洁派的主要据点之一，而纯洁派据历史记载，积累了不少财宝，而其生活却很俭朴，他们常常把财宝埋藏起来以作应急之用。尽管这笔财宝来源尚不清楚，但有一点是肯定的，那就是雷恩堡确实隐藏着神秘的财宝。也许财宝不止一笔，而是有好几笔，说不定它们彼此之间还有某种联系呢。

路易十六金宝之谜

◉ ◉ ◉ ◉ ◉ ◉ ◉ ◉

　　法国人几乎在每个世纪都给世人埋藏下一笔财宝，从而也给世人留下一个个历史之谜：7～8世纪有夏朗德城宝藏之谜；12～13世纪有雷恩堡宝藏之谜；到了18世纪，又有了路易十六金宝之谜。

　　1774年路易十六登上法国国王宝座时，法国封建制度已危机四伏，新兴资产阶级对束缚资本主义生产关系发展的专制政体日益不满。国内政治动荡，社会极为不稳定。但就是在这种情况下，路易十六仍然四处搜刮金银财宝，过着十分奢华的生活。这激怒了资产阶级和广大人民群众。1789年，由于路易十六召开等级议会，要第三等级即资产阶级和平民交纳更多的赋税，从而引发了资产阶级革命。传说当1789年7月12日人民群众攻克

巴士底狱，路易十六直到晚上休息时还不知道，仍在日记上写下：7月12日，天晴，平安无事。迫于无奈，路易十六表面上接受立宪政体，实则力图绞杀革命。1791年6月，他逃到法国瓦伦，被群众押回巴黎。9月，他被迫签署宪法，但仍阴谋复辟。1792年9月，路易十六被正式废黜，次年1月被处死在巴黎革命广场（即今"协和广场"）。路易十六的金宝是寻宝史上最著名的财宝之一。关于他的财宝，众说纷纭，莫衷一是。至于藏宝地点至少有几个地方，有的甚至不在法国，而在西班牙。据说，他在行宫卢浮宫曾埋藏着一笔价值20亿法郎的财宝，包括金币、银币和一些价值连城的文物。不过，流传最广的还是路易十六隐藏在"泰

莱马克"号船上的金宝。"泰莱马克"号是一艘吨位达130吨，长26米的双桅横帆船。这艘船伪装成商用船，由阿德里安·凯曼船长驾驶。1790年1月3日，满载财宝的"泰莱马克"号在经塞纳河从法国里昂去英国伦敦途中，在法国瓦尔市的基尔伯夫河下游被潮水冲断缆绳沉没。

"泰莱马克"号由一艘双桅纵帆船护航，在港口受到革命者检查时，曾交出一套皇家银器。船上隐藏着路易十六的一批金宝和玛丽·安托瓦内特王后的钻石项链。据认为，这艘船上的财宝包括以下东西：

属于国王路易十六的250万法国古斤黄金(法国1古斤在巴黎为490克，各省为380～550克不等。按这一标准计算，250万法国古斤约合95万～137万千克)；王后玛丽的一副钻石项链，价值为150万法国古斤黄金；金银制品有银器以及朱米埃热修道院和圣马丁·德·博斯维尔修道院的祭典圣器；50万金路易法郎；5名修道院院长和30名流亡大贵族的私财。

这些财宝的确存在，毫不夸张，这已得到路易十六的心腹和朱米埃热修道院一名修道士的证实。一些历史文献和路易十六家仆的一位后裔也认为，路易十六当年确实把这笔财宝藏在船上企图转移出国。据说，"泰莱马克"号沉没在基尔伯夫河下游瓦尔市灯塔前17米深的河底淤泥里。1830年和1850年，人们都争先恐后地企图打捞这艘沉船。但是，在打捞作业中，缆绳都断了，结果沉船重新沉没到水底。1939年，一些寻宝者声称他们已找到了"泰莱马克"号沉船的残骸，但没有确切证据表明，他们找到的就是"泰莱马克"号。看来要找到路易十六的金宝绝不是一件轻而易举之事。

《荷马史诗》中的宝藏之谜

◉ ◉ ◉ ◉ ◉ ◉ ◉ ◉ ◉ ◉ ◉ ◉

在德国北部梅克化堡邦一个小镇里，有个贫苦的牧师，1830年圣诞节那天，牧师送给10岁的儿子海因利希·施里曼一本叶勒尔编的《世界史图解》，作为圣诞节礼物，海因利希对此书特别感兴趣。

1856年，海因利希开始学习现代与古代希腊语。海因利希有着惊人的语言天赋，同以往一样，一个半月他就学会了现代希腊语，又过了三个月就掌握了古代希腊语，精通了《荷马史诗》的六音步诗行的奥妙。这个财运亨通的百万富翁，竟然决意从商界引退，去发掘传说中的一座古城。1869年春天，施里曼的梦想终于实现了。

根据《荷马史诗》的描写，在特洛伊城附近有"两道可爱的泉水"，"有一道泉水是热的，蒸汽水"，

从水面上升，浮悬在上空宛若烈火的雾烟；然而那另一道泉水，涌出的水流即使在夏天也冷得像雹冰或雪水"。

1870年4月，施里曼从土耳其官方领到了发掘的许可证，着手在希沙里克山发掘湮没的特洛伊城。

1873年3月中旬，施里曼在山南的一个地方又开始了一次大规模的发掘。不过，这座城的规模使施里曼有些失望，它太小了，似乎不足以演出像伊利亚特那样伟大的场面。但是，施里曼随即自圆其说：作为诗人，荷马对每一件事都做了夸张。

使施里曼感到美中不足的是，他在三年的挖掘中没有找到一块金子。

1873年6月15日前的某一天，

91

在一个炎热的上午，施里曼在妻子的陪同下，站在那幢古代建筑物的围墙附近。突然，他看到在焚烧过的褐红色废物层下面，埋着一件很大的青铜器，它上面是一堵墙。走近一看，施里曼锐利的眼睛发现在青铜器后面，还有闪闪发光的东西，似乎是金子。施里曼把索菲娅叫到跟前，悄悄告诉她说："快去，叫他们收工。"

民工们散去后，索菲娅转回来站在丈夫身旁。施里曼蹲在强烈的阳光照射的墙下，手握刀子正在发现青铜器的洞周围抠挖着。终于，土里展现出了象牙的光泽和金子的闪光，施里曼可以把手伸进去了。索菲娅取下红披肩，施里曼一件一件地把金银财宝取了出来，包裹在披肩中。

在施里曼发现的这批器物中，最珍贵的是两顶华丽的金冕，远比其余的东西更加光彩夺目。大的那顶由16353块金片金箔组成，还有一串精致的项链，可以围绕在佩戴者头上，并且悬吊着74根短的、16根长的链子，每根以心形的金片组成，短链子上的流苏垂在佩戴者的额前，长链子下垂于佩戴者的双肩，佩戴者的脸颊完全镶嵌在黄金之中。另一项类似前一项，但链子吊在金叶带上，侧边的链子较短，只能遮盖双鬓。两顶金冕的制作技艺精美绝伦。还有6只金镯、1只重601克的高脚金杯、1只高脚琥珀金杯、1件大的银制器皿内装有60只金耳环、8700只小金杯。还有穿孔的棱镜、金扣子、穿孔小金条和其他小件饰物，以及银、铜的花瓶与青铜武器。

施里曼至死也没有怀疑过这些珍宝不是特洛伊王普里阿蒙的财产。既然这是特洛伊城，这是斯卡安城门，这是普里阿蒙的宫殿，那么，它们当然是荷马笔下的特洛伊城的宝藏。没有任何东西能够使施里曼动摇。他确信，他手里的这些器物就是使海伦倍增妖媚的首饰，属于那个使特洛伊城毁于一旦的女人。

他逝世后不到三年，他的论断就被推翻。而这些财宝的主人属于比普里阿蒙早1000年的一位国王。

尽管施里曼判断有误，但他的发现却是无与伦比的。施里曼的助手和继承者赛普莫德依靠不懈的努力，终于挖掘出荷马笔下的特洛伊城，即倒数第六座城。但是，使特洛伊重见天日的功劳理所当然地属于对《荷马史诗》的真实性坚信不疑的施里曼。

早在发掘特洛伊之前，施里曼就想到位于伯罗奔尼撒半岛东北部的迈锡尼。非常熟悉《荷马史诗》的施里曼不知多少次注意到，荷马无论何时叙述迈锡尼都要加上一个形容词，如"多金的""黄金的""兴旺的"等。在荷马的笔下，特洛伊很富，迈锡尼更富。

1876年8月，施里曼来到伯罗奔尼撒半岛上的一条孤寂的山谷。在山顶西边，城墙是用很大的石块砌成的，其间开了一个宏伟的门道，上面蹲伏着两尊雄狮，这就是闻名遐迩的"狮子门"。

阿伽门农的坟墓是许多考古学家殚精竭虑寻求的目标，但他们全都凭自己的想象，随意解释公元前2世纪的希腊历史学家鲍沙利阿斯的记载，断言王者的坟墓应在城墙之外。

施里曼的见解与他们恰恰相反。他根据鲍沙利阿斯的记载断定：阿伽门农及其战友的五座坟墓在城墙里面。

施里曼在狮子门附近的荒坡上开始发掘。发掘是从1876年8月7日开始的，不久，发掘的初步结果就证明他选定的路子是对的。在离狮子门40英尺、独眼巨人围墙不很远的地方，他们掘到一道长100英尺，宽13英尺的深沟，剥露出两排直立石板围成的圆圈，直径为87英尺，圆圈内的土地早已夷平，空地内有一块直立的石板，形如墓碑，石板上的浮雕损坏严重，已难以识别在石板底下的是坟墓。

伯罗奔尼撒半岛上的一个山谷成了整个文明世界注意的中心。施里曼夫妇总共发现五座坟墓，斯塔马基发现了第六座，全都在石板围成的圆圈里。那圆圈里实际上是一处陵园，是作为圣地而修建的公墓。

每座坑墓都呈长方形，但大小深度相同。六座墓穴中共葬有十九个人，有男有女，还有两个小孩。尸身上大多数覆盖着黄金。男人脸上罩着金面具，胸部覆盖着金片。

两个妇人戴着金制额饰，其中一个还戴着金冠。两个小孩被包裹在金叶片里面。男人身边放着刀剑、金杯、银杯等东西。妇女戴着装饰用的金匣和别针，衣服上装饰着金片。除了多数的贵重金属外，那些宝物的价值也极高，制作技艺更是精妙无双。有两把镶嵌着黄金的青铜匕首，堪称精品中的精品。一把匕首上描绘的是猎狮场面：一头受伤的雄狮，正向一群拿着大盾、持矛猎手扑去；另一把匕首上镂刻着江河景色：河水涟漪，芦苇丛生，野猫子悄然钻过，惊起的野鸭振翼而飞。

发掘出的宝藏越来越多。施里曼兴奋极了，他要整个世界都知道。为此，他几乎每天都要从发掘现场发出报道和文章，供《泰晤士报》发表。他非常自信，确信挖出来的一具又一具尸体是在特洛伊城下战斗过的英雄们的遗骨。

当时，不仅施里曼一个，甚至连以前持怀疑态度的学者们也承认这个才疏学浅的德国商人握有强硬的事实。因为把坑墓里的一些宝藏做了更仔细的检查之后，看来同《荷马史诗》有一种准确无误的联系。荷马描绘的"8"字形防身盾牌，遮护全身，像一座塔。这种大盾牌过去从未发现过，而施里曼发现的一枚金质印章指环上就铭刻着类似的"8"字形大盾牌。《荷马史诗》描述：老涅斯托尔(参加特洛伊战争的老谋臣)把普拉姆尼酒倒入马卡翁和自己的金杯里，"这个金杯有四个手把，每个手把都有两根支撑柱条；而每个手把顶部都有两只金鸽子面对面在那儿啄食"。这和施里曼在墓穴中发现的一个形状罕见的金杯样子很相近，即有两个手把，手把上有两只面对面的鸽子。最相似的是野猪獠牙盔。荷马描述：墨里奥涅斯拿一顶皮盔给俄底修斯戴在头上，皮盔里层纵横交错地编织着结实的皮条。底下衬着一顶毛毡制的便帽，外层帽棺的两侧都巧妙地装饰着一排雪白闪亮的野猪獠牙。而施里曼在墓穴里发现了60颗野猪牙，全部牙齿的背面都切割得相当平整，还有两个钻孔，一定是用来使它们和别的东西捆扎在一起并待用于头盔上的。

对施里曼来说，毫无疑问，他

已发现的世界就是荷马的世界——《伊利亚特》和《奥德赛》的世界。遗憾的是，施里曼的判断又一次错了。对荷马的信任与信念，使他断定发现的是阿伽门农的坟墓。实际上，这些坟墓的年代应再向前推400年，粗略估计，约在公元前1600年至公元前1500年之间。

后来，当人们对迈锡尼文明懂得更多的时候，就明白了施里曼发现的坟墓不是葬于同一时期的，埋葬延续了一百多年。他们肯定是王公皇族，也许是一个完整朝代的王室成员。阿伽门农很有可能被葬在山谷中一座形如蜂房的圆顶墓里。人们喜欢设想他长眠于富贵的坟墓中，所以"阿特柔斯宝库"有时就被称为"阿伽门农之墓"。

继施里曼之后，楚达斯、克拉摩普洛斯、罗登瓦尔特，全都对揭示迈锡尼文明作出了贡献。自1920年起，在韦思教授的指导下，继续在迈锡尼进行发掘，发现史前公墓（施里曼发现的坑墓本是其中一部分）扩展到巨人墙界限以外，狮子门以西。大约公元前1600～公元前1500年间，王室的王子和公主都葬在公墓的那一部分，现在那部分却在墙内。这些王公皇族似乎属于同一朝代。迈锡尼最伟大的时期是青铜时代后期的最末阶段，即公元前1500～公元前1400年左右。就在这一时期，迈锡尼人修建了独眼巨人墙、狮子门和暗道门。与此同时，他们把早期诸王葬地用石板环绕起来，还在石板围成的圆圈内立起了墓碑，修建了如水井形状的圆祭台，祭祀动物的鲜血通过它流到地下的英雄们那里。

天灾人祸，使这座堆金砌玉的城市，无数宝藏流失湮灭，让人扼腕长叹

95

法国王冠钻石失窃之谜

◉ ◉ ◉ ◉ ◉ ◉ ◉ ◉ ◉ ◉ ◉

1789年法国爆发资产阶级革命，法王路易十六表面接受立宪政体，实则力图绞杀革命。1791年6月20日，路易十六携同王室逃至法奥边境瓦伦，两天后被群众押回巴黎，历时一千五百多年的法国封建王朝从此崩溃。

几天之后，法国制宪议会一位议员向公众提出了警告：内外敌人正在试图夺取王冠上的钻石。巴黎人民不会忘记法国王冠上有世界上最美丽的钻石与珠宝，每逢圣马丁复活节的星期二，在保安警察的监护下，巴黎人民才可在陈列柜前匆匆走过，观赏珍宝。历代法王都为王冠添上新的珠宝感到荣幸，这些稀世珍宝，历来都是被保存在珍宝贮藏室里。自从路易十六执政以来，这些珍宝就交给了忠诚可靠的

克雷西看管。

在议员的警告下，制宪议会组成了由3位议员和11位专家参加的专门委员会，负责清点保存在法国王室的稀世珍宝。经过三个月的紧张工作，共清点出钻石9547颗，总值达3000万法郎之巨。此后，每星期一，人们都可参观这些珍宝，负责看管的克雷西对此十分担心，怕给不法之徒们以可乘之机。不知为什么，克雷西的职务很快被雷斯图代替，此人却是吉伦特派领袖罗兰的心腹。

1792年9月，路易十六因阴谋复辟而被废黜。此时，法国处在危机之中，外部面临欧洲联盟的入侵；国内山岳派与吉伦特派争斗激烈，到处是失业与饥荒、恐怖与暗杀。在这严峻的时刻，珍宝贮藏室

贴上了封条，但令人惊奇的是，这么多奇珍异宝，竟无人看守。

9月17日，内务大臣罗兰在国民议会突然宣布："珍宝贮藏室门被撬，钻石全部丢失！"

据称，自9月11日深夜至14日深夜，盗匪三次光顾珍宝贮藏室，无人觉察。第一次行窃时，盗匪三十多人打扮成国民自卫军，全副武装，气焰十分嚣张；15日早晨，巴黎街头出现了贱价的钻石，才引起人们注意，警察分局局长塞尔让只粗粗地到现场看了一下，并未作出任何调查；16日当盗匪第四次来临时，被国民自卫军巡逻队抓获。至此，罗兰才于17日宣布失盗。

这起骇人听闻的盗窃案，确实令人深思，引起人们一系列疑问：为什么议员会事先提出珍宝被盗的警告？为什么忠实可靠的克雷西被撤职？为什么不多派人看守珍宝贮藏室？为什么警察局长对此案十分冷淡？为什么会连续发生盗窃案？谁是幕后策划者？盗宝的目的是什么？

盗窃案发生后，内务大臣罗兰指控他的政敌、国防大臣丹东及

丹东的朋友应该负责，丹东又反过来指责罗兰和罗兰的朋友应完全负责。各派唇枪舌剑，相互指责。

9月21日，刑事法庭审判了抓获的两名盗匪，并判处他们死刑，次日执行。但在囚车上，一位临死的囚犯向庭长供出了藏在他家厕所的一袋钻石，共有一百多颗。不久，珍宝贮藏室守卫长、警察分局局长之一的塞尔让收到了一封匿名信，指出在弗夫大街的阴沟里有一大堆珍宝。塞尔让前往取宝，并明目张胆地将一件美丽的玛瑙工艺品据为己有，他因此赢得了"塞尔让·玛瑙"的诨号。

不久，警察又逮住了一个叫"勒图"的家伙，此人供出了一个17岁的盗匪。这个年轻人的父亲得知儿子入狱时，大发雷霆，声称要揭发一桩耸人听闻的案子。十分奇怪的是，第二天早上，父亲被人毒死，儿子也死在监狱。这一连串的事情，让人莫名其妙。

在珍宝失窃的1792年9月，法国正处于内忧外患、形势危难之际。人们只知道拿破仑指挥瓦尔密战役的胜利，拯救了巴黎和法兰西

民族，然而，瓦尔密战役胜利的奥秘，过去、现在以至将来也永远不会被揭开。

历史学家们、军事指挥家们知道，当时敌人只遭到了轻微的损失，便立即撤退，这是毫无道理的。从战略上讲，敌方指挥官布伦斯维克也不应发布撤退命令，拿破仑当时也认为不可理解。这使人怀疑在战线后是不是进行了某种交易。事实上，当双方军队打仗时，举行了某次秘密会议，法国得花一大笔钱，以换取敌方撤军。8月11日，法国特使就已答应付给从杜伊勒利宫掠夺来的3000万法郎。贪得无厌的敌人，说钱数不够，法国议员帕尼斯知道这笔交易后，就建议从珍宝贮藏室找差额部分。他的建议被采纳了。事后，一个男爵的回忆录也披露了此事："还需要搜集相当一笔钱来贿赂普鲁士大臣。珍宝贮藏室的钻石正可提供这笔钱！"

9月17日，罗兰宣布珍宝贮藏室失盗。一周后，敌我双方举行了瓦尔密会议，于是出现了瓦尔密战役神秘的胜利。因此，有人认为，

国防大臣丹东秘密策划了9月11日夜间的入室盗窃，然后让普通的盗贼进行后几次偷盗，以便把事情搅混。

那么，丹东后面是否还有更强有力的对手呢？后来，另一起奇案揭开了真相。1805年，一伙伪造钞票的人面临死刑的判决，其中有一个名叫"巴巴"的人公然宣称："如果我被判死刑，我将请皇帝（拿破仑）宽恕。没有我就没有拿破仑的皇位！"

法官和观众都吓得呆若木鸡，为巴巴的欺君之罪捏了一把汗。可他还继续说："我是珍宝贮藏室的盗匪之一，我帮助同伙把雷让钻石和我熟悉的其他珍宝，埋藏在弗夫大街，这些珍宝的所有权已被出卖。根据给我特赦的诺言，我提供了埋藏珍宝的地点。雷让钻石已从那里取出。先生们，法国雾月政变之后，当时的首席执政官（拿破仑）为了得到急需的资金，就把这颗漂亮的钻石，典押给荷兰政府了。"

巴巴没被处死，而是被关在比塞特尔，受到了良好的待遇。那么他的这番意味深长的话是真是假呢？这恐怕又是一个难解之谜。

圣殿骑士团的藏宝之谜

◉ ◉ ◉ ◉ ◉ ◉ ◉ ◉ ◉ ◉ ◉

　　1119年，法国几个破落骑士，为保护朝圣者，保卫第一次十字军东征中建立的耶路撒冷拉丁王国，发起成立了一个宗教军事修会。由于该修会总部设在耶路撒冷犹太教圣殿，所以叫作"圣殿骑士团"。圣殿骑士团成立后，由于对伊斯兰教徒，同时也对基督教徒进行敲诈勒索，加上朝圣者们的不断捐赠，以及教皇给予的种种特权，从而积聚了相当可观的财富。他们拥有封地和城堡，为朝圣者和国王们开办银行，是欧洲早期的银行家。他们生活奢侈，贪得无厌，热衷秘术，密谋参与政治活动，终于引起欧洲各国国王和其他修会的不满，被斥为异端。1312年，罗马教皇克雷芒五世不得不正式宣布解散圣殿骑士团。

　　1307年10月5日，法国国王腓力四世下令逮捕所有在法国的圣殿骑士团成员。法国国王想通过打击圣殿骑士团，没收其财富，以补充日趋窘困的财政开支。但是，圣殿骑士团却巧妙地把大量财富隐藏了起来。有人说，罗马教皇在法国国王采取行动的前几天曾经悄悄地给圣殿骑士团通风报信。

　　据几位历史学家的记载和民间的传说，当圣殿骑士团大祭司雅克·德·莫莱在狱中获悉：法国国王要彻底摧毁该修会时，他采取了断然措施，以便保存圣殿骑士团"传统和高尚的基本教义"。他把自己的侄儿、年轻的伯爵基谢·德·博热叫到狱中，让伯爵秘密继承了大祭司的职位，要伯爵发誓拯救圣殿骑士团，并把其财宝一直保存到"世界末日"。随后他告诉伯爵说："我的前任大祭司的遗体已经不在他的墓穴，在他墓穴里珍藏着圣殿骑士团的档案。通过这些档案，就可以找到许多圣物和珍宝。有了这笔财宝就可以摆脱非基督教徒的影响。这笔财宝是从圣地带出来的，它包括：耶路撒冷国王们的王冠、所罗门的七个烛台和四部有圣·塞皮尔克勒插图的金福音。但是，圣殿骑士团的主要钱财还在其他地方，在大祭司们墓穴入口处祭坛的两根大柱子里。这些柱子的柱顶能自行转动，在空心的柱身里藏着圣殿骑士团积蓄的巨额财宝。"

1314年，雅克·德·莫莱大祭司被法国国王处死后，基谢·德·博热伯爵成立了一个"纯建筑师"组织，并请求法国国王准许把莫莱的尸体埋葬到另外的地方。国王同意了。于是，博热乘机从圣殿骑士团教堂的大柱子里取走了黄金、白银和宝石。他把这些财宝藏在棺材里，也许还藏进了几只箱子里，并转移到了只有几个心腹知道的安全地方。由于圣殿骑士团长期热衷于秘术，有自己独特的一套神秘符号体系。据说，他们就是用这种符号体系和秘密宗教仪式来隐藏和重新取出他们的珍宝。正因为这样，对于圣殿骑士团巨额财宝的下落至今仍然众说纷纭，成了一个难解的历史之谜。

有人根据当地的传说和发现的圣殿骑士团的神秘符号，认为藏进棺材和箱子里的财宝现在仍在法国罗讷省博热伯爵封地附近的阿尔日尼城堡里。据称，那里除秘藏着圣殿骑士团的金银珠宝外，还有大量的圣物和极其罕见的档案。

1952年，对圣殿骑士团神秘符号体系颇有研究的考古学家和密码学家克拉齐阿夫人，在对阿尔日尼城堡进行实地考察后声称："我深信圣殿骑士团的财宝就在阿尔日尼。我在那里找到了可以发现一个藏宝处的关键符号。这些符号从在进口大门的雕花板上开始出现起，一直延续到阿尔锡米塔楼，那里有最后一些符号。我认出了一个埃及古文字符号，它表明，除有宗教圣物外，还有一笔世俗财宝。"据克拉齐阿夫人说："阿尔锡米塔楼上有八扇又小又高的三叶形窗户，只有一扇窗户是用水泥黏合的石头堵塞的。必须开通这扇窗户，并在6月24日这一天观察射进这扇窗户的光线束，中午2点至3点的阳光可能起着决定作用，它可能将照射在一块会显示出具有决定性符号的石头上。但是，我想，只有一个人，一个熟悉内情的人，才会声称发现了秘密的钥匙。"

法国"寻宝俱乐部"根据最新发现的资料认为，圣殿骑士团的财宝可能不在阿尔日尼，因为迄今并没有找到任何有价值的材料可以确定它们的存在。"寻宝俱乐部"倾向认为，圣殿骑士团的财宝可能隐藏在法国夏朗德省巴伯齐埃尔城堡，因为那里也发现了许许多多令人晕头转向的圣殿骑士团的符号。

据说，圣殿骑士团还有另外一些财宝可能隐藏在法国的巴扎斯、阿让以及安德尔·卢瓦尔的拉科尔小村庄附近。在法国瓦尔市的瓦尔克奥兹城堡的墙上也刻着圣殿骑士团的神秘符号，而且也有关于圣殿骑士团把财宝隐藏在那里的传说。据法国历史学家让·马塞洛认为，在法国都兰的马尔什也可能会找圣殿骑士团的藏宝，那里以前曾是圣殿骑士团的"金缸窖和银缸窖"的所在地。圣殿骑士团的心腹成员知道在需要时如何从中取出必要的钱财，并会按接到的命令把新的钱财重新隐藏起来。

总之，人们认为，圣殿骑士团确实把一大批财宝隐藏起来了，但是，究竟藏在什么地方，其谜底也许就像刻在石头上的神秘符号一样令人难以捉摸！

沙皇500吨黄金之谜

◎　◎◎◎◎◎　◎　◎◎　◎

俄国"十月革命"胜利之后，1919年11月13日，沙俄海军上将阿历克赛·瓦西里维奇·哥萨克率领一支部队，护送着一列28节车厢的装甲列车，从鄂木斯克沿西伯利亚大铁路向中国东北边境撤退。就在这趟戒备森严的列车上装载着沙皇的500吨黄金。这批黄金都是沙皇从民间搜刮来的民脂民膏。这队人马经过三个月的艰难跋涉，来到了贝加尔湖的湖畔，由于饥寒交迫，所以有许多人死去了。哥萨克将军发现铁路已被彻底破坏了，无法通行，只好命令部队改乘雪橇穿过贝加尔湖去中国边境。

冰面上积了厚厚的雪，在刺入肌骨的暴风雪之中，500吨黄金被装上了雪橇，在武装人员的押送下，在80千米宽的湖面上，像蜗牛一样边扫着积雪边前进。到了1920年3月初，贝加尔湖面上的冰突然出现了裂缝。据说，哥萨克的所有部队和500吨黄金全都沉入水深一百多米的湖底。

事情过去18年之后，有一个生活在美国的沙俄军官斯拉夫·贝克达诺夫公开了身份，并对人讲："沙皇的这批财宝并没有沉入贝加尔湖，早在大部队抵达伊尔库茨克之前就已经被转移，并且早已被秘密埋藏了起来。因为当时的形势已很明朗，大部队不可能撤退到满洲，不论从哪个方面来考虑，最好的做法就是把这笔黄金秘密埋在一个地方。当时我跟一个名叫德兰柯维奇的军官奉命负责指挥了这次埋藏黄金的行动。我俩带上45个士兵，把黄金转移出来之后，就把它们埋在了一座已倒塌的教堂的地下室里。这事办完之后，我们把这45名士兵带到一个采石场上，我和德兰柯维奇用机枪把他们统统枪决了。在返回的路上，我发现德兰柯维奇想暗算我，于是，我抢先一步掏出手枪把他打死了。这46个人的死亡根本不会引起注意，因为当时每天都要失踪一百多人。就这样，我成了现在唯一掌握沙皇金宝秘密的知情人。"

1959年，贝克达诺夫曾利用一次大赦的机会返回苏联，并在马格尼托哥尔斯克碰上了在美国加利福尼亚时认识的美国工程师。此人始终没有透露真实姓名，他只用假名，叫"约翰·史密斯"。史密斯了解贝克达诺夫的情况，建议他共同去当年埋藏沙皇金宝的地方。于是他们在一个名叫"达妮娅"的年轻姑娘陪伴下，一起找到了在离西伯利亚大铁路3千米处的原教堂地下室里找到了仍然完整无损的沙皇金宝。他们只取走了部分黄金。随后，当他们开着吉普车，正要通过格鲁吉

亚闯过边境时，突然一阵密集的子弹扫来，在弹雨之中，贝克达诺夫被当场打死，而史密斯和达妮娅则扔下车子和黄金，惊恐万分地逃出了苏联。

如今，这批沙皇金宝的线索又断了。假如500吨黄金确实没有沉入贝加尔湖底，但要找到它，还需要史密斯或达妮娅出来证实才能揭开谜底。

一块黄金的重量约为500克，500吨的黄金要占据多大的空间

拉比斯的宝藏之谜

◉ ◉ ◉ ◉ ◉ ◉ ◉ ◉ ◉

1730年7月7日下午5时，在法国某地断头台前，一个人正拼命推开行刑队员套向他脖子的绞索，向蜂拥围观的人群扔出一卷羊皮纸，并大声吼道："我的财宝属于能读懂它的人！"

这个人就是18世纪上半叶的法国大海盗，世界珍宝谜案史上的著名人物——拉比斯。拉比斯真名叫"奥里维尔·勒·瓦瑟"，是最显赫的一个人物。1716～1730年，他在印度洋和东北海上横行了14年，共劫夺了5吨黄金，600吨白银，还有几颗钻石及各类珍稀宝贝。其间，在1721年4月，他与英国海盗沆瀣一气，劫夺了在印度洋波旁岛圣坦尼港湾躲避风雨的葡萄牙船只"卡普圣母"号，抢走了船上价值300亿旧法郎的金银珠宝，并把

这艘船装饰一番，改名为"胜利号"。1722年，当法国海军将领居埃·特鲁安在波旁岛附近打败了英国海军，控制了印度洋海域时，法国国王发布了大赦令。大多数海盗借此机会洗手不干，改过自新了，唯独拉比斯等少数海盗隐藏起来窥测时机。拉比斯劫来的财宝，也就在这时被他藏匿于从塞舌尔群岛到马达加斯加海角的印度洋海区。至于那些藏宝人，则被拉比斯以各种手段灭口了。然而，拉比斯劫来的财宝并不能使他不被绞死，只是给后人留下了难解的珍宝之谜，让人去破解。

拉比斯被行刑时留下的那卷羊皮纸，上面是一封密码信，画有17排古怪稀奇的图样，每个图样代表一个密码，看上去像天书一样晦涩

难解，谁能把它破译出来，就能得到那笔巨大的财富。写在羊皮纸上的拉比斯密码如今珍藏在法国国家图书馆里，它的一份影印件在1949年落到英国探险家瑞吉纳·克鲁瑟韦金斯的手中。这位英国探险家认为拉比斯财宝可能藏在印度洋上的塞舌尔岛。于是，他带上毕生积蓄，在塞舌尔岛上待了整整28年，对17排图样做孜孜不倦的探索，终于破译了16排密码，只是对其中第12排图样却寻求不到答案，直至他因病去世，拉比斯密码仍是一团未解之谜。

当然，这并不是说拉比斯珍宝只是如海市蜃楼、船只见影不见真物。法国"寻找藏宝国际俱乐部"掌握另一份与拉比斯宝藏有关的材料，包括一份遗嘱、三封信件及两份说明书，它属于掌握拉比斯藏宝秘密的另一个海盗贝·德莱斯坦。探宝专家们认为，德莱斯坦熟知的财宝中有一些便是拉比斯藏宝。德莱斯坦在给他兄弟埃蒂安的信件中讲："在印度洋最近的一次战斗中，我们跟一艘英国大型驱逐舰较量时，船长受了伤，临终前他向我透露了秘密，并交给我找到埋藏在印度洋上巨额财宝的文件，要我使用这些财宝来武装我们的海盗船只，以对付英国人。但是，我对这种漂泊不定的生活已经感到害怕，我宁愿参加正规部队，期望安宁，以便取出这些财宝，并返回法国……有三笔财宝，其中埋藏在我亲爱的法兰西岛（即'毛里求斯岛'）上的一笔尤为可观。按照将转交你的这些文件的指示，你将会找到装满着多布朗（西班牙古金币）和3000根金条的三只大铁桶和坛子，以及一个装满（印度）维萨布尔和戈尔康达出产的钻石铜箱。"

德莱斯坦在给他侄儿的信中也说："你来法兰西岛……有一条河流就在这块地方中心不到几法尺远处。财宝就藏在那里。你将会看到，有一个密码图案，它通过奇特的组合会显示出两个缩写字母名字：B.N……由于我在海上遇过难，丧失了许多文件。我已经取出了许多藏宝，仍有四笔财宝以同样的方式被同样的海盗埋藏着。你将通过送给你的密码手册解开这些奇特的画谜，找到这批财宝。"20世纪初，有人在法兰西岛发现一块署名卡·布拉吉尔、有奇特指示的大理石石块，寻宝者依据指示又发现一块写有密码的铜板。遗憾的是，没人识别出铜板上的密码，铜板在运输途中又被丢失了！

从1730年绞死拉比斯到现在，已过去两百多年，探寻拉比斯密码和藏宝的活动始终不断。最近，一个创办不久的中欧"俄丝乌德旅行社"开辟了在塞舌尔岛寻宝的旅游线路，旅费虽贵，但参加者期期爆满。他们不但可以游览风景名胜，而且可以凭借旅行社发给的一份神秘图案的影印件到岛上寻找拉比斯藏宝，创造顷刻间变成百万富翁甚至亿万富翁的机会，因而这个旅游生意怎能不红火呢？所有这一切颇具诱惑力，但要识破第12排拉比斯密码并非易事，还得凭知识，靠勇气和运气。

托普利兹湖纳粹沉宝之谜

◉ ◉ ◉ ◉ ◉ ◉ ◉ ◉ ◉ ◉ ◉ ◉

　　1945年4月，也就是第二次世界大战结束前的最后几天，居住在托普利兹深水湖附近的居民们惊讶地发现，全副武装的纳粹德国党卫军封锁了托普利兹深水湖附近所有的交通要道，然后把一箱又一箱的神秘东西沉入湖中。知情者说，那些成箱的东西是纳粹德国从欧洲各国掠夺来的黄金珠宝、文物宝藏和绝密文件。从那以后，托普利兹湖底隐埋着纳粹宝藏和秘密的传闻不胫而走，吸引了一批又一批的寻宝探险家前去冒险。

　　吸引世人瞩目的不光是神秘的历史传说，更主要的是发生在托普利兹深水湖真实的寻宝故事。

　　在二战结束后的大半个世纪里，特别是在20世纪60年代和80年代，托普利兹湖多次成为世界媒体报道的焦点，其中最轰动的要数60年代托普利兹湖发现大量假英镑一事了。这些足可以假乱真的英镑是希特勒亲自策划的"伯恩哈特绝密行动"的产物。二战后期，在战场上日益吃紧的希特勒突然萌生一个念头：制造假钞票，扰乱盟国的金融秩序，最后导致盟国经济全面崩溃。英镑成为希特勒造假钱的首选目标。"伯恩哈特行动"令下达后，党卫军从犹太死亡集中营里搜罗了顶尖级的造币专家，开始制造假英镑。这些假钱达到了足以乱真的程度。然而，"伯恩哈特行动"还来不及实施，第三帝国的末日就来临了，慌乱逃命的党卫军来不及彻底销毁证据，只得把成箱成箱的假英镑丢进托普利兹湖里。

　　实际上，发给美国"海洋工程

技术公司"的神秘传真中提到的四个湖中的三个根本没有任何秘密可言。在这半个世纪里,人们在托普利兹湖里发现过以下财物:50箱黄金、1本珍贵的集邮册、50千克金首饰、5枚珍贵的钻戒、部分从匈牙利犹太人手中掠夺来的艺术品、22箱珠宝、20箱金币和3箱金条。

正因为有了这些真实的故事,加上神秘的历史传说,世界各地的寻宝探险家们才冒着生命危险一次又一次地潜入托普利兹深水湖中,许多人甚至因此丢了性命。为此,奥地利内政部下达了严禁在托普利兹湖寻宝探险的命令。外界纷纷猜测说,奥地利政府禁止别人寻宝是为了"肥水不外流";更重要的是,沉入湖底的绝密文件可能会曝光奥地利政府二战期间许多见不得人的内幕,甚至会曝光奥地利现政府高官与纳粹的关系。

2000年6月的某一天,一名自称在南美某地看到过托普利兹深水湖纳粹藏宝图的神秘人物给美国的一家专业寻宝探险公司——"海洋工程技术公司"发了一份传真。此人声称:纳粹分子在战败前先后在奥地利四个湖中隐藏了大量的黄金宝贝,那些纳粹军人在湖边的岩石上炸开石洞,把无价之宝隐藏在洞中,然后原样封上,或把财物装进特制的箱子,然后沉入百米深的湖底。至于他见到的藏宝图,现在都已经不见了。

奥地利多数专家对这份神秘的传真都嗤之以鼻,就连美国"海洋技术工程公司"的发言人朱塔尔·费尔曼也给狂热者泼冷水说:"我们决没把那份传真当回事。"

然而奥地利和美国的媒体却掀起了一阵寻宝狂潮。奥地利的小报7月5日纷纷打出醒目标题称:"不管怎样,肯定有纳粹神秘的黄金之说!"奥地利国家电视台也开始每天报道现场情况。美国的哥伦比亚广播公司则准备大干一场,打算推出一个大型纪录片。托普利兹神秘的历史传说再次被激活了。

要想揭开托普利兹深水湖的历史秘密绝非易事,湖周围恶劣的自然环境和复杂的湖况都大大限制了探秘行动的开展。

尽管托普利兹深水湖距离奥地利重镇萨尔茨堡只有一百二十多千

米，但直到今天仍只能靠步行穿越一条崎岖的山路才能抵达湖边，要想把大型探测机械运到湖边是极为困难的。而托普利兹湖一年中有六个月处于冰冻状态，适合探宝的时间又十分有限。此外，托普利兹湖宽为250米，长为1800米，水深达103米，三面悬崖绝壁，另一面则一上来就是上百米深的湖水，所以寻宝探秘活动只能在船上进行。更奇怪的是，湖面20米以上居然没有氧气，这就进一步加大了湖底搜索工作的难度。

赫赫有名的美国"海洋工程技术公司"不但参加了举世瞩目的"泰坦尼克号"沉船打捞工作，还参加过搜寻在海上坠机的小肯尼迪的行动，并且取得成功。为确保这次湖底寻宝行动的成功，"海洋工程技术公司"动用了最先进的水下探测、搜寻设备与技术，其中最引人注目的是"黄蜂号"迷你型潜艇。这种只能容纳一个人的微型潜艇可以让潜水员在水下滞留数天，一旦发现有价值的东西，就可借助其机械手把它捞进潜艇一个特制的笼子内，然后带出水面。

碧波下会不会隐藏着人们渴望的财宝

安娜和多拉克宝藏之谜

1958年的一天，考古学家詹姆斯·梅拉特坐在从伊斯坦布尔开出的一列火车上。坐在他对面的是一位黑头发的姑娘。他无意间瞥了她戴的手镯一眼，立即认出那是几千年前的赤金制品。这一瞥把他引向了一批无价之宝，梅拉特认为自己碰上了意想不到的好运气。

没有哪个考古学家会对这样的手镯无动于衷。梅拉特向姑娘做了自我介绍。姑娘告诉他，手镯是她家中的收藏品之一，还答应带他去家里验看其他的收藏品。

傍晚，列车开进土耳其爱琴海岸的港口城市伊兹密尔。姑娘带他换乘交通工具去自己家中。梅拉特心中充满对那批珍宝的渴望，没有去留意换乘的渡船和出租车的路线。

姑娘从家中的一个五斗橱里把她的收藏品一件一件地取了出来，梅拉特大吃一惊，面前摆的东西，可与图坦卡蒙（公元前14世纪时的埃及法老）墓的发现相提并论。他询问是否能对它们进行拍照，姑娘拒绝了，但同意让他待在屋里，把珍宝的图样临摹下来。

梅拉特欣然接受了这一提议。他夜以继日地研究这批令人难以置信的珍宝，临摹它们的复杂结构，拓下上面的象形文字，记下每一个细节。

姑娘说她是希腊人。她告诉梅拉特，这些收藏品是在第一次世界大战后希腊占领土耳其期间发现的。它们来自湖边小村多拉克的一处秘密洞穴。

梅拉特感到眼前的事意义重

大。这批珍宝是4500年前青铜时代的遗物。他知道，他偶然发现了一座古城的重要线索。这是一座由武士阶层统治的以航海为业的大城市，其繁荣程度接近荷马时代的特洛伊城，其财富和影响也堪与特洛伊城相匹敌。这是每一个考古学家梦寐以求的东西。所有的理论将不得不因此被重新考证。

一天晚上，梅拉特终于干完了手头的工作，离开了姑娘的家。此后，他再也没见过那位姑娘和那批珍宝。梅拉特事后才认识到，对于掌握着通向发现之门的钥匙的那位姑娘，他知道的确实太少了。他只记得她说的英语中带有美国口音，她说她名叫"安娜·帕帕斯特"，住在卡津·德雷克大街217号。

梅拉特犯的第一个致命的错误，是未经核实就相信了姑娘的话。后来，对此持怀疑态度的土耳其调查人员说，他们没有发现任何名叫帕帕斯特的人，卡津·德雷克大街也根本不存在。

接着，梅拉特又犯了第二个错误。在安卡拉，他向他的上司英国考古学院的西顿·劳埃德教授汇报说，早在六年前，他就发现了那批珍宝，只是到了现在，他才获准公布这一发现。他撒这个谎，是出于一个很简单的考虑：他结婚才四年，他不想因说出曾在一个女人家待了好几天而引起会使妻子苦恼的流言蜚语。

1959年11月，梅拉特的发现发表在《伦敦图片新闻》上，谴责的浪潮随之而来。梅拉特不得不旷日持久地竭力为自己辩白，同时懊恼自己所犯的两个错误。他曾写信给土耳其文物部门，通知文章即将发表的事，但信丢失了。

当配有珍宝插图的文章发表之后，土耳其官方大为光火。他们要求知道那批宝贝的下落：是在哪儿发现的？为什么没有告诉他们？一想到国家的一批珍贵宝藏已被人拐走，他们就责备梅拉特。梅拉特尽其所能地帮助土耳其当局，但安娜和珍宝都不落痕迹地消失了。

没有任何证据说明梅拉特与财宝的失踪有关联。然而，两年半以后，在土耳其《米利耶特报》的怂恿下，一场诽谤运动展开了。该报声称，梅拉特所说的挖掘日期是不真实的，多拉克宝藏的挖掘是50年代的事；当时，在掘宝地点附近，有人看见梅拉特和一位神秘的女子在一起。

后来，上述说法被证实是虚假的，警方的调查也已停止。但是，对梅拉特诋毁和轻蔑的运动仍在继续；梅拉特仍被禁止在土耳其的一个古遗址上从事下一步的研究工作。他在那里有过几个重要的发现。

有影响的敌人忙于暗中活动，他们说，梅拉特编造所谓的"发现"，只是出于对自己今后生涯的

再去寻找，已经人去楼空

考虑。他们何必要以此来使梅拉特声誉扫地呢？其实，梅拉特并不需要用哗众取宠的文章来提高他作为考古学家的国际声誉。

然而，安娜是谁？她与梅拉特在火车上相遇纯粹是巧合吗？也许有人知道，那个手镯肯定会引起考古学家的注意，因此特地安排了这场闹剧吗？

有的人认为，梅拉特是走私团伙设下的诱饵，是他们偷走了多拉克珍宝，并准备把它们卖掉。他们知道，他们手头的赃物一旦被梅拉特这样享有盛誉的专家证实是真品，在国际黑市上的价格就会猛涨。《伦敦图片新闻》刊登的权威性文章为走私团伙提供了可靠性证明。接下来，这批珍宝被装运上船，悄悄地驶向世界各地的秘密买主。

如果这个判断不错，那么关于安娜和珍宝的真相可能永远不会大白。

撒哈拉大沙漠中的珍宝之谜

◉ ◉ ◉ ◉ ◉ ◉ ◉ ◉ ◉ ◉ ◉ ◉ ◉ ◉

1943年3月8日清晨，希特勒手下最精明而狡诈的将军之一，著名的陆军元帅隆美尔的末日到了。他的装甲部队残部已经向突尼斯城方向退却。

在突尼斯城里存放着从意大利的基地运来的大批金币，还有隆美尔从阿拉伯人手中掠夺来的大量财宝。

在失败已不可挽回的情况下，隆美尔决心不让他的财宝落入英国人之手。他曾考虑到把财宝从突尼斯城海运到意大利的南部，但战局对他的想法给予有力的回击，英国已完全控制了海、空权，德国已无法进行海上运输了，隆美尔只好另外想办法了。

就在3月8日这天，有几个隆美尔的亲信负责将隆美尔的财宝偷偷运走并隐藏起来。当时有15～20

辆军车负责装运隆美尔的财物。这些财物中有大批稀世珍宝，分别装满36个大金柜，每个大金柜重1000千克以上。这些军车在半夜三更开车，消失在茫茫黑夜里，驶向一个秘密的沙漠目的地。隆美尔的亲信之一汉斯·奈德曼陆军上校负责押送这队军车，他们要把这批财宝埋藏在撒哈拉大沙漠中某个安全地点，不使它落入英国军队之手。隆美尔知道英国情报部门对他的黄金来源是一清二楚的，因此他们竭力想搞到手。隆美尔为了迷惑敌人，采取了声东击西的策略：他派出一支快艇舰队，装了部下从博物馆和宫殿里抢劫来的若干箱艺术品，运送到意大利沿岸的一个秘密目的地。同盟国军队早就等待着这一行动，他们的侦察机一发现这些快艇就准备截获，如有必要就把它们击沉。

隆美尔声东击西的策略完全奏效，当英国轰炸机和海军舰只竭力设法捕获这些满载财宝的快艇的时候，装运隆美尔大部分珍宝的车队正在另一个地方加快速度，沿着隐蔽的土路，朝西南方向驶向杜兹，那是突尼斯的一个沙漠小镇。按照计划，这批金银财宝要在这里用骆驼队送到一个安全地点，埋藏在遍布该地区的成百上千个沙丘当中的一个。

隆美尔的骆驼队可能就是在1943年3月10日左右离开杜兹的，在沙漠里走了1～2天。安全地埋藏一大批珍宝，是不需要走更多的路程的。可是埋藏在什么地点呢？这是一个无答案的谜。

只是在几周以后，一则英国无线电新闻广播称：在杜兹附近沙漠边缘的一次战斗中，英军截击并歼灭了一支装备精良的德军小分队，它显然是被派去一个边远地点执行任务后准备与所属部队会合的。据广播称，德军士兵全都战死了。

实际情况是很清楚的：这支队伍在突尼斯的撒哈拉沙漠成功地埋

珍宝的魔法让人无法抗拒，珠宝背后有多少美丽的故事

藏了这批财宝以后，在返回杜兹途中遭到一支英国部队的伏击。在其后的战斗中，他们都战死了。所以，没有一个人知道隆美尔的金银财宝埋在何处，甚至隆美尔本人也不知道。

战后，为了寻找和占有这些珍宝，西方各国的政府和各种各样的公司、团体、冒险家纷纷登台，演出了一幕又一幕探宝闹剧，许多人还为此死于非命。其中最为甚者，大概要算围绕"弗莱格案件"所展开的隆美尔珍宝之争了。

1948年6月的一天上午，法国驻德国什图特加特领事馆里，走进一个25岁的瘦高青年。他自称皮切尔·弗来格，前来申请去法国科西嘉旅游的签证。法国代办得知他曾是党卫军驻意大利潜水分队的司务长时，顿生疑窦，便说："我可以考虑您的申请，但您必须讲出前往科西嘉的真实目的。注意，别拿鸡毛蒜皮的事来蒙我！"

弗莱格一怔，但他略加思索后，就讲出一段令人震惊的往事来：

1942～1943年，弗莱格曾在党卫军驻意大利某海港的潜水分队服役。1943年9月的一天，他突然奉命带上潜水具前往科西嘉向党卫军中校路德维格·德里尔报到。9月17日，德里尔等四名军官，又带他出海来到巴斯提亚市外的圣弗罗伦海湾。弗莱格的任务是：在海底寻找一个能容纳六只铁箱的隐蔽处。经过几天下潜后，他终于在水深55米的海底峭崖上，找到了一个洞穴，便用浮标做下记号。次日凌晨，四名军官又带弗莱格出海，这一次，艇上多了六只体积为80厘米×40厘米×40厘米的铁箱。来到浮标处后，

弗莱格开始做下潜准备。这时，一个军官用六分仪测下了这个点的坐标，并记在了纸上。弗莱格"无意"中瞟了那张纸一眼，便牢牢记住了上面的数字。为了保险起见，他还根据几个可见的岸上地物（一幢被炸毁的房屋、一座灯塔、一小片树林），估算了沉物点的方位。

但两天之后，弗莱格在科西嘉突然被盖世太保逮捕。受审中他才知道，箱子中装满被那四个军官偷出来的金币、珠宝、首饰之类的贵重品。弗莱格一口咬定自己只是执行命令，其他事一概不知，更说不出藏宝点的准确位置。后来他在军事法庭出庭作证时，得知四个军官也没招供。最后，德里尔等军官被枪决，他也被罚往东方战线去打仗。

当天，一份绝密电报飞向巴黎。紧接着，一个专门鉴定委员会成立了。专家们对弗莱格提供的情况做了仔细分析，并提出了一系列疑问。例如，党卫队军官们怎么会让一个素不相识的潜水员来干如此诡秘之事呢？如此重要的坐标会让弗莱格"瞟"去吗？弗莱格既然与

犯罪毫无干系，事先又不知箱中何物，为什么不向盖世太保供出准确的藏宝点呢？总之，鉴定委员会对弗莱格的话充满怀疑，但法国政府还是决定利用弗莱格去寻找这批珍宝。莱恩伯格公司则自告奋勇地承担了具体工作。

在巴斯提亚，弗莱格显得非常自信，在同当局代表谈判时，他坚持要以得到三分之一的珍宝为条件，才肯对探宝工作提供帮助；当局则要在找到珍宝后才谈报酬问题。双方最后还是达成了协议。几天后，弗莱格手持藏宝点示意草图，领着莱恩伯格公司的全部船只浩浩荡荡地向海上开去。但很快就出现了混乱：弗莱格图上的方位，同他"瞭"来的坐标对不上号，而且，沿岸数十千米内，根本就找不到他所说的地理标记。

弗莱格显得手忙脚乱，不是抱怨岸上变化太大，就是咒骂那个军官根本不懂六分仪。最后，专家们只得根据弗莱格的草图和他那充满矛盾的解释，划定了一个大概搜索区。十名职业潜水员依次下潜，弗莱格也下了海。这时人们发现，这个前党卫军潜水员，对潜水却几乎是个门外汉。

时间一天天过去。几个月后，探宝费用已达100万法郎，可连宝藏的影子也没见到。人们开始怀疑自己是否上了当。最后，莱恩伯格公司总经理找到弗莱格，只说了一句话："骗子，你害得我破了产，但你这个恶棍也绝无好下场！"

弗莱格见势不妙，便闭门不出，暗中筹划逃回德国。为了弄到路费，他企图偷偷卖掉配给他的潜水具和两个望远镜，结果事情败露，反被判了两个月监禁。就在弗莱格坐牢的时候，有关科西嘉藏着"隆美尔珍宝"的消息，传进了报界。一家德国报纸登载了一篇文章，题为《天方夜谭中的神奇财宝》，说隆美尔将军曾指挥部下在非洲各国抢了价值不下1000万英镑的金银财宝和艺术珍品。1943年，因非洲战局恶化，这批珍宝被运到意大利，后来便不知去向了。紧接着，法国报纸又登出一篇某记者采访前抵抗战士路易·布尔德的谈话纪要。这位曾在科西嘉一带打过游击的人说，1943年9月的一个夜晚，他在望远镜里清楚地看见，有一艘德军快艇往海里沉下了一些箱子。

这样一来，弗莱格一出狱就成了新闻人物。他也趁机闪烁其词地向记者们透了点有关"隆美尔珍宝"的情况，但对藏宝地点却只字不提，只是暗示他这次参加探宝是被强迫的，所以"不可能有诚意"。

在狱中，弗莱格结识了一个叫"安德烈·莫蒂埃"的职业潜水员，这人家住巴斯提亚附近的一个叫"波列托"的村庄。1949年，弗莱格到波列托去劝莫蒂埃参加探宝。但莫蒂埃一口就拒绝了，因为这时科西嘉黑手党已宣布这批财宝为己所有，所以，莫蒂埃不想送命。接着，去海边散步的弗莱格突然失踪了，报纸纷纷猜测他已被黑手党绑架并杀害。法国警方也忙乎了一阵，最后不了了之。弗莱格的失踪，无形中为"隆美尔珍宝"的存在做了个绝妙的广告。

1952年6月23日，法国人安里·埃利雇了六名潜水专家，乘"年轻女明星"号快艇来到巴斯提亚。他打算把可能藏宝的海底都

"篦"一遍。但第二天，一艘返港的游轮，就在众目睽睽之下，将停在岸边的"年轻女明星"号撞坏。安里·埃利以为这不过是次偶然事故，就另外租了艘快艇出海。哪知还没开出多远，发动机却突然瘫痪。埃利这才明白，这一切绝非偶然，他自知斗不过黑手党，只好收兵。

接踵而来的探宝人，是美国的一个女百万富翁。1952年8月，她雇用的一名原海军军官，驾船来到巴斯提亚。这位船长一到，立即用高薪在当地人中招收工人和潜水员。"重赏之下必有勇夫"，不到三天，人马招齐。谁知准备工作都还没完，这些人就纷纷托词不干了。原来，他们每人在同一天都收到一张纸条，上面"奉劝"他们赶紧毁约，否则将遭严惩。于是，这帮探宝人识时务地赶快离去。

1954年，一艘叫"彗星"号的探宝船，在海上被一艘渔轮撞沉，一名水手丧命。法国报界立即报道了这次"偶然事故"，标题是：《谁是下一个？还有敢向黑手党挑战的勇士吗？》。这以后，

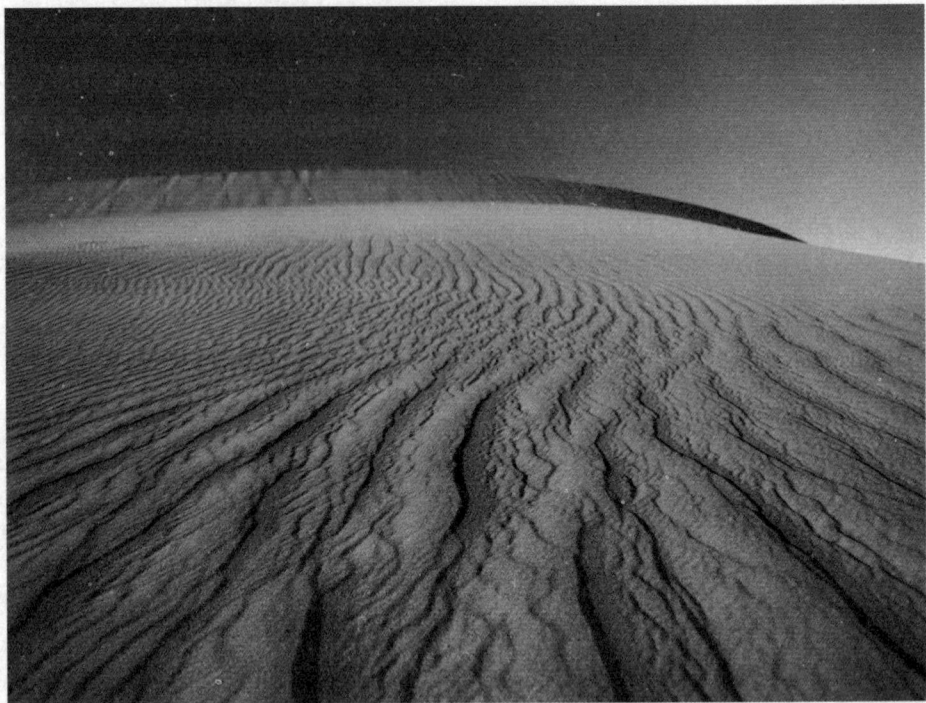

茫茫黄沙下，是否隐藏着人们梦寐以求的财宝呢

"隆美尔珍宝"似乎逐渐被人淡忘。但1961年8月15日，几家法国晚报同时登出安德烈·莫蒂埃被暗杀的消息。报上说，这位弗莱格的"患难之交"有次酒后失言，说要把弗莱格告诉他的藏宝点声张出去，结果，当他半夜一点离开酒吧间后，就被人用冲锋枪打死在城外一片灌木林里。而且一年后，杀害莫蒂埃的犯罪嫌疑人，也被人以同样手段除掉了。

这些悲剧，又使人们想起了"隆美尔珍宝"。1961年，仅在巴黎和马赛，警察就抓获了许多贩卖所谓"隆美尔珍宝"埋藏点示意图的骗子。寻找"隆美尔珍宝"热潮的再次兴起，引起了一个叫"乔恩·戈德利"的人的兴趣。他的参与，使"弗莱格案件"出现了新的转折。

乔恩·戈德利是个爱尔兰记者兼旅行家。他仔细研究了有关弗莱格的全部材料，于1961年在《美国周报》上宣称：弗莱格所说的一切，纯属虚构！德国一家杂志立即转载了这篇文章，而戈德利本人，则突然收到一份来自西德的邀请信：弗莱格先生想同他见面。于是，"死"去13年的弗莱格，又突然活了。

戈德利应邀飞往德国。弗莱格承认自己过去所谈的全是谎话，接着便向戈德利透露了"真情"：

1943年，弗莱格在意大利某海军基地当上等水兵。9月17日，盖世太保突然往他们的快艇上运了六只铁箱，然后，又留下以德里尔为首的三名军官。他们奉命驶往科西嘉去加入一支护送物资回德国的舰队。起航前，德里尔对箱子里的东西做最后一次清点，在一旁帮助开箱的弗莱格大吃一惊：箱中装的竟全是金银财宝。9月18日，快艇驶达巴斯提亚港，正遇上联军对该港的猛烈空袭。在如此危急的情况下，德里尔便下令将珍宝沉入海底。弗莱格记得沉宝地点离岸不远，正对着一座被炸毁的清真寺。

对于自己这些年的失踪，弗莱格解释说，1949年，他在波列托村被黑手党绑架。匪徒在逼他画了张藏宝点示意图后，就将他放了，还给了他一点酬金。但他们警告说，如果今后他本人或通过别人再来探宝，定杀不饶。他吓坏了，所以一直躲到德国一个小镇上，隐姓埋名13年。

对弗莱格的这些话，戈德利认为更不可信。于是，他决心查清这个弗莱格先生的真实面目。仅仅半年，戈德利的调查就有了重大突破。原来，这位弗莱格先生，不仅履历，连姓名都是假的。他的真名叫"瓦尔特"。真姓则是由字母K开头的一个词。在1948年以前，K从未涉足科西嘉，甚至连法国也没去过。1945年，K因为是党卫军成员，被美军关进了达豪集中营。在众多重要纳粹战犯中，他的罪行简直无足轻重，所以行动较自由。事有凑巧，同营中有个叫"施密兹"的纳粹骨干，他的长相、身高、肤色等，都几乎同K一模一样。施密兹在对K做了一番观察和交谈后，便决定收买和利用K。一天傍晚，施密兹在营房的一个角落里悄悄告诉K，他曾是隆美尔手下一支特殊分队的指挥官，专门负责把各部队抢来的珍贵物品运往德国。1945年，他见帝国败局已定，便将许多来不及运走的珍宝分三处藏了起来——澳大利亚、意大利、科西嘉附近海底。施密兹提出，只要K同意将自己的身份证和衣服给他，他就把三个藏宝点的示意图给K。K答应了，于是便得到了三张草图。但施密兹当天半夜却被军事警察带走，从此便失踪了。K知道，要发财，只要得到一处珍宝就足够了，但首先必须得有自由。于是，他去求见集中营美军代表布雷坦巴赫大尉，说自己偶然知道两个纳粹的藏宝点，并画了在澳大利亚和意大利两个点的示意图。

两支美军特遣队立即向图上所绘的地点奔去，结果满载而归：在澳大利亚，挖出了许多艺术珍品；在意大利，找到了大量珠宝首饰和货币。于是，K被获释，而且当局还按他的要求，给了他一张写着皮切尔·弗莱格的身份证和一笔奖金。靠着这笔钱，弗莱格在过了两年舒心日子后，于1947年前往汉堡，参加了一个自费潜水训练班，开始为科西嘉之行做准备。

戈德利在掌握了这些材料后，便确信施密兹讲的第三个藏宝点肯定存在。1962年，他把这一切告诉了好友、海底考古学家埃德温·林克，并出示了部分文件和地图。于是，两人开始为探宝做准备。为了不走漏风声，所有雇佣人员都必须作出对该工作保密十年的承诺。林克很快就将"潜海者"号快艇改装成了一个设备齐全的浮游实验室。整个行动的基础，就是弗莱格在集中营时得到的示意图。

1963年4月19日，"潜海者"号快艇不声不响地驶达巴斯提亚港。尽管戈德利和林克用心良苦，"潜海者"一出海，还是被一艘渔轮盯上了。这艘渔轮像幽灵一般，若即若离，搞得探宝者们个个紧张万分，严重影响了工作效率。而且没过多久，戈德利就收到了一张纸条，上面写着："先生，我想就'隆美尔珍宝'一事警告您几句：在这件事上，死的人已经不少了，劝您不要把自己的名字也加上去。这珍宝是我们的！"信的署名无法辨认。

"潜海者"灰溜溜地走了。又

是一次以失败告终的探宝行动。

1975年，法国记者罗伯尔·沙鲁曾就新纳粹组织是否卷入了"隆美尔珍宝"之争的问题，走访了新纳粹运动的一个首领。这个头目先把弗莱格臭骂了一顿，说他是个江湖骗子，讲的全是谎话，其目的是想从天真人手中骗钱。他还威胁说要惩罚弗莱格，因为他侮辱了四个党卫队军官。最后，这个首领还是承认："如果真有珍宝存在，我们早就找到了。我们才应该是第一批获宝者……我们组织内的几百个潜水员，曾在科西嘉从北向南、一米一米地搜遍了整个东海岸。那里没有任何珍宝！"

这一访问记见报后，弗莱格吓坏了，赶紧在德国的一家报纸上登了份声明："的确，我撒了谎，而且一辈子都在撒谎，但珍宝确实存在，不过不是藏在科西嘉，而是藏在意大利的一座寺庙里。"

折腾了几十年的"弗莱格案件"就这样结束了，而且，大概是彻底结束了。可"隆美尔珍宝"之争却还没结束，在那些被法西斯军队抢走的珍宝被全部发现之前，这场争夺是不会结束的。

"隆美尔珍宝"最终成了千古之谜，但终究有一天，一位勇敢而智慧的英雄会为人类找回这笔失落的财富。

琥珀屋失踪之谜

◉ ◉ ◉ ◉ ◉ ◉

俄国的琥珀屋当时被誉为"世界第八大奇观",波斯王子访问圣彼得堡时,为琥珀屋的气派所慑,慌忙脱下鞋子,不忍心玷污了琥珀屋的地板。这样一个富丽堂皇、雍容华贵的琥珀屋,自从1944年3月最后一次与世人见面后便销声匿迹,它到底到哪里去了呢?多少年来,人们一直在探究这个秘密。

1997年5月13日下午,德国一支刑警部队突然包围了不来梅郊区施瓦赫豪森的一幢别墅,房子的主人名叫曼哈特·凯泽,是一位公证人。在警犬的协助下,警方很快在别墅内找到了失踪五十多年的琥珀屋的一部分——四块墙板中的一块。警方立即用专车,把这件失而复得的稀世珍宝运至东部的波茨坦,并组织专家进行了鉴定。来自德国和俄罗斯圣彼得堡的专家初步验证后一致认为,找到的这块墙板正是两个半世纪前的原物。

琥珀是远古时代植物树脂经过石化形成的产物,它的纹理交错,图案清晰,十分美丽,是种贵似黄金的装饰品。世界上最大的琥珀矿床位于波罗的海沿岸距今4000万~6000万年的煤层中。

18世纪初,普鲁士国王腓特烈一世一时心血来潮,竟突发奇想,要建造世界上最美的珍宝奇观——琥珀屋。

为了建造琥珀屋,腓特烈一世颁发命令,调集各地的能工巧匠,汇聚于普鲁士首府柯尼斯堡,并让各地进贡琥珀石、琥珀板。不能直接进贡琥珀的,必须交纳相应的税金。腓特烈一世还亲自到各地去查看琥珀的质量。进贡来的琥珀瑰丽夺目，有的似红色的火焰，有的似秋日的树林。

琥珀屋在腓特烈一世的亲自监督下，由建筑师安·休鲁达和戈·达恩着手营造，用了近6年的时间，于1709年终于建成。琥珀屋约面积55平方米（长11米，宽5米），全部采用活动镶板。为了增加内部的亮度，室内的镶板全部用带银箔的琥珀板，有些地方饰以黄金。它银光闪闪，金碧辉煌，美丽的花纹像栩栩如生的蝴蝶，堪称"世界一绝"。

就在琥珀屋建成的这一年，俄国的彼得大帝在波尔塔瓦之战中大败号称"常胜将军"的瑞典国王查理十二，为普鲁士除去了一害，免去了普鲁士的北方之忧。普鲁士国王腓特烈一世为了能得到俄国的庇护，忍痛割爱，把这稀世珍宝琥珀屋作为礼物送给了彼得大帝，意欲与俄国结成同盟。就这样，琥珀屋于1717年从普鲁士被运到圣彼得堡。

彼得大帝不久病逝，继位的女皇叶卡捷琳娜又用了一个月时间对琥珀屋进行了改造，把它放置在宫廷中。安装时把天花板抬高了一些，把一个门变成了三个，还增加了几个窗户。这样，原有的琥珀板便不够用了，于是设计师拉斯托里在房间里安了一些特制的镜子，镜子置于银白色与金黄色的镜台上，镜台又用精美的玉柱装饰起来。这样，琥珀屋里的琥珀图案就更加精美绝伦。琥珀屋实在太美了，就像一颗璀璨的明珠，镶嵌在雄伟的叶卡捷琳娜女皇宫殿中。

几经周折，琥珀屋又为俄国沙皇伊丽莎白所有。1755年，女皇将琥珀屋的部件运往郊外夏宫。新的琥珀屋历时8年落成。它高达10米，比以前的5.3米高出近一倍。四壁高大的玻璃镜托着琥珀镶板，佛罗伦萨式的彩石镶嵌画呼之欲出，镀金花饰的白色门晶莹剔透，地板亮得可以找到每一根毛发。清晨，当缕缕阳光透过乳白色的窗纱射进室内时，四壁的琥珀放出五颜六色的奇光异彩，画中的仙女、天使、雄鹰似乎都在飞舞；夜晚，壁灯、吊灯齐亮，满室流光溢彩，入室者无不为之倾倒。

这座琥珀屋价值连城，惹得无数贪客垂涎，费尽心思去攫取它，但都未能成功。在二百多年的时间中，它一直被精心地保护在宫殿中，无人能染指。

十月革命之后，叶卡捷琳娜的夏宫改为了博物馆，琥珀屋一直完整地保存在馆内。

第二次世界大战期间，德国法西斯成立了一个专门掠夺外国财宝和文物的组织。这个组织跟随大军行进，所到之处，凡有价值的文物，都被他们掠夺并运回德国。

1941年8月，纳粹德国军队逼近列宁格勒（圣彼得堡），博物馆人员措手不及，唯一能做的就是在琥珀屋的墙面上蒙上硬纸板，来不及卸下镶板便匆匆撤离了。

1941年底，德军占领了叶卡捷琳娜皇宫，他们把宫里所有的金银珠宝和各种文物洗劫一空，连墙上和天花板上的名画都未放过。他们找到琥珀屋后，立即惊喜地向希特勒发电报，希特勒即刻回电，要他们把琥珀屋拆卸装箱，用火车运回德国柯尼斯堡。就这样，琥珀屋又到了德国。

1944年3月，琥珀屋连同掠夺的苏联的其他文物，曾在柯尼斯堡进行了一次公开展览。这是世人最后一次目睹琥珀屋的绚丽风采。

1944年8月，英军两次空袭柯尼斯堡，老城区40%被夷为平地。人们猜测，琥珀屋已经化为灰烬。

战争快结束时，苏联政府成立了一个寻找琥珀屋的组织，他们紧随苏联红军开进德国，在战争的废墟中到处寻觅，却一无所获。

1949年年底，经过多方调查，终于获悉奥内斯克城的德国人格诺萨斯知道琥珀屋的踪影。于是，搜寻队立即找到了这个德国人。当搜寻队问他知不知道琥珀屋的下落时，格诺萨斯十分自信而干脆地回答："是的，我知道琥珀屋——它被沉到波罗的海的海底了。德国人在1945年1月曾把一批财宝，包括琥珀屋丢入了大海中。"根据他的指点，搜寻队动用了两艘船在海底打捞上来17个大木箱子，然而打开一看，里面装的根本不是琥珀屋，而是滚珠轴承和汽车部件之类的东西。看来，这是一个精心制造的骗局，自以为知情的格诺萨斯也上当了。

搜寻队并不气馁，这根线断了，他们又去寻找其他线索。搜寻队在研究了大量的原始材料后，发现罗德博士是一个十分重要的人物。罗德是德国的一个艺术权威，战前便发表过不少著名的关于琥珀的专题论文。他对琥珀的研究造诣很深，有"德国琥珀专家"的称号。1939年左右，他出任柯尼斯堡博物馆馆长，成了柯尼斯堡琥珀收藏品的管理人。纳粹分子把琥珀屋从叶卡捷琳娜皇宫中偷出来运到柯尼斯堡后，便交给了罗德博士，由他负责管理、研究并进行拼装。

罗德博士经过一番精心琢磨之后，决定把琥珀屋编入美术馆的目录，并将其重新组装起来，放在博物馆内展览。他这样做是想一箭双雕，既让世人知道德军的"业绩"，又向世人炫耀自己的才学。琥珀屋组装后开始在小范围内展出。不久，柏林有名的文物杂志《万神庙》上，便出现了罗德博士洋洋洒洒介绍琥珀屋的文章。

1943年底至1944年初，斯大林格勒大血战结束，苏军消灭德军90万人，苏德战场的形势开始逆转。

苏军冒着暴风雪顽强地向西挺进。纳粹头子和要人纷纷撤至距离波苏边界很近的蒂尔西特和柯尼斯堡等地。随着形势的吃紧，一列列满载的火车开出了柯尼斯堡南站，一艘艘满载的货船驶离了海港。与此同时，英国空军也不断派飞机进入柯尼斯堡，进行骚扰和轰炸。原普鲁士国王居住的王宫在一次轰炸中起火，设在王宫中的博物馆面临被炸毁的危险。琥珀屋和各种琥珀收藏品的命运使罗德博士忧心如焚。因此，就在普鲁士王宫被炸的当天，罗德博士就下令拆卸琥珀屋，装箱待运。因来不及运走，就地埋在王宫某处的地底下。有的人甚至说，琥珀屋早在德军占领前就毁于炮火和空袭。

接着，柯尼斯堡的居民又说，德军早就将琥珀屋的镶板用船运走，但装宝的潜艇被盟军击沉，因此，宝物已沉入波罗的海深处。这一说法还未经证实，又有人断言，琥珀屋还在柯尼斯堡，埋于某个秘密地点。然而，苏联人在柯尼斯堡掘地三尺，却没有找到琥珀屋一丁点儿碎片。

1945年4月，美国巴顿将军的先头部队在德国魏玛附近的默克斯盐矿矿井下发现了纳粹秘密窖藏的一个宝库，仅黄金就有285吨，总价值为5.2亿美元，图书珍本有200万册，就是唯独不见最珍贵的琥珀屋。

苏联的搜索队决心一定要找出琥珀屋。他们又把眼光集中到有关的资料上。经过一番查找，他们发现有个叫"库尔任科"的俄罗斯妇女，曾在罗德博士的博物馆里工作过。根据罗德博士死前的证言，库尔任科曾于1944年12月把基辅博物馆的许多展品带到施威林伯爵的庄园。库尔任科在琥珀屋事件中扮演了一个什么角色？她现在在哪儿？这一连串的问题困惑着搜寻队，使琥珀屋事件变得更加扑朔迷离。

1958年，经过多方调查，搜寻队找到了库尔任科——她那时在科斯特罗马教育学院讲授美术史。她刚过中年，衣着考究，十分精干。一听说搜寻队是来调查琥珀屋等博物馆展品的，她便有些紧张，但是很快就平静下来了，她向搜寻队提供了一些十分重要的情况。她说：

"1944年11月14日，我跟罗德博士一起到了维尔登霍夫。罗德把我介绍给施威林伯爵之后，便把我带到了一个大房间中。房间里有许多加封的箱子。罗德博士说，柯尼斯堡博物馆的所有展品都已经装在这些箱子中待运。至于琥珀屋，我一点情况也不知道，我倒是问过他一些关于琥珀屋的问题，可他却从不正面回答我，或把问题绕开。此后，我们的话题就再未涉及过琥珀屋了。况且，战局的变化，使我精神负担很重，博物馆那么多展品交给我了，我能保证它们的安全吗？"库尔任科说这话时一脸的诚恳。

接着，她又说道："1945年1月22日，形势越来越糟糕，施威林一家打算离开维尔登霍夫，而且希望我跟他们一起走。可我决意不去，我要留下来照顾博物馆的财产。1月23日，德国部队为了阻止红军开过维尔登霍夫，要我把自己住的房子腾出来供部队驻扎。德军进入庄园，看见这些箱子，便歇斯底里地发作起来。他们说，箱子太沉，不好搬运，用来做燃料倒蛮不错。我见势不妙，便威胁德军军官说：'你们必须为这些价值连城的文化财富负责。否则，军事法庭不会饶了你们！'德军军官哼了一声，扭头便走了。但他身边的一伙暴徒狂呼乱叫起来：'决不能把这些东西留给苏联人……不能留给伊凡……'他们一边喊叫，一边破坏。我企图上前阻止，可无济于事，他们几下子就把我推搡到一边去了。正当我感到绝望之时，突然，城里燃起了一片火光，炮声隆隆，红军进攻了。只见火光中人影绰绰——德军开始撤离。我想，那些箱子完了。我望着熊熊的大火一筹莫展。我就这么站着，一直站到早晨五点半，直到苏联红军入了城。我立即去找红军首长，要求派人去抢救那些财产。可是，现场除了烧焦的木头和圣像之外，我们什么东西也没有找到。整个城堡已变成一片灰烬。"从库尔任科这些话看来，琥珀屋早已被转移走了。

就这样，搜寻琥珀屋的线索第三次中断了，搜寻队员无不感到万分懊丧。

然而，与此同时，有不少好心的德国人也在帮助苏联人寻找琥珀屋，其中值得一提的是《自由世界》杂志，这家杂志为此特地登载了一则启事："战争期间，纳粹分子从苏联抢走了大量文物，有些至今下落不明。现在苏联朋友正在寻找琥珀屋，若有谁知道相关的情况或线索，请直接函告《自由世界》，我们不胜感激。若要求保密，我们决不泄露情报来源。"《自由世界》杂志的这份启事吸引了不少人。信件从柏林、莱比锡、汉堡、慕尼黑、柯尼斯堡像雪片一样飞向《自由世界》。其中，一封化名鲁道夫·林格尔的信最引人注目，它重新燃起了搜寻队寻找琥珀屋的热情。

鲁道夫·林格尔的信是这样写的：

"我尽量把从我父亲那里知道的关于琥珀屋的情况原原本本地讲出来，以期能对弄清真相有所裨益。我父亲叫乔治·林格尔，战争爆发时，他在希特勒的卫队和秘密警察署里工作，掌握着一支由中央帝国安全局直接指挥的特种部队，在国内和德国侵占的外国领土上活动。由于他卓越的成就，战争结束前他得到了不少胸章和奖章。就在他逝世前一个月，向我讲述了他的平生经历，谈话中他曾提到琥珀屋和其他琥珀收藏品，说它们都藏在斯泰因塔姆的地下室中。我问他那个地下室在哪儿。他看着我，笑了笑，说我太年轻，不要什么都刨根问底。我父亲于1947年10月在格赖茨医院病逝。1948年1月的一天，我无意中走进家里的地下室中，发现了一个写得密密麻麻的日记本，上面记下了近一百多条命令和执行命令的情况，其中的两份文件直接跟琥珀屋的转移有关。"

就在这封信中，鲁道夫·林格尔附上了这两份文件。

林格尔上校：

立即在柯尼斯堡执行"绿色行动"计划。命令你把琥珀屋转移到B城的指定地点。完成任务后，按计划把入口伪装起来。若建筑尚完好，必须夷为平地。

中央帝国安全局：

根据中央帝国安全局的指示，已将30箱琥珀板和琥珀收藏品移交运输部。转移琥珀屋的任务已完成。按指示对入口进行了伪装，爆炸十分成功。

乔治·林格尔

林格尔的来信，使人们似乎看见了琥珀屋那缥缈的幻影。然而，它究竟藏匿于地球上的哪一个角落里，人们仍然无从知道。它成了人们心中的一座海市蜃楼。

如今，第二次世界大战已经结束六十多年了，昔日饱受战争创伤、遍地瓦砾的柯尼斯堡，如今已变成车水马龙、高楼林立的新城市，而琥珀屋至今仍在地球的某一处静静地沉睡着，等待着终有一日被人们发现。

20世纪80年代后期，人们寻找琥珀屋的行动似乎又有了新的进展。1987年1月23日，《真理报》

刊登了驻布拉格记者的一则报道，称有人曾见过当年装运琥珀屋镶板的专车，由德国党卫军押运，于1945年5月1日运抵捷克，卸在德驻军元帅肖梅尔的"狼窝"（司令部暗堡的名称），以后未再取出。然而，稍有历史常识的人都知道。肖梅尔投降前，"狼窝"已被盟军炸成废墟。

苏、德、英、美、法、波、捷等国，为获取琥珀屋，先后至少挖掘过28处地堡和啤酒窖。长达半个世纪的寻访，忽而花明，忽而柳暗，一次次失望之后又带来一次次希望，扑朔迷离，总是不见"佳人"倩影。

1996年12月，德国波茨坦无忧宫内一幅价值500万马克的油画《港口即景》被盗。德国警方在侦破名画被盗案中，意外地获得了有关失踪多年的琥珀屋的重大线索，有人看见两名24岁的大学生在柏林要出手琥珀屋的一块墙板。1997年4月，汉堡一家杂志曾报道说，一块50厘米×70厘米大小的琥珀屋墙板在黑市上售价达250万马克。德国警方顺藤摸瓜，发现不来梅市的一个公证人有重大嫌疑，于是最终出现了本文开始的那一幕，据警方初步透露的消息，这个名叫"凯泽"的公证人是从一个已经死去了的德国纳粹党卫队军官那里获得这块琥珀墙板的。

被警方查获的这块墙板宽为50厘米，高为70.5厘米，有关专家确认，这块墙板是琥珀屋内四块最大墙板中的一块。在5月14日举行的新闻发布会上，警方认为第一块琥珀墙板的发现，为进一步找到琥珀屋内其他的物品提供了可能。

1982年，苏联放弃了寻回琥珀屋的希望，参照战前拍摄的琥珀屋的照片，着手重建一座新的琥珀屋。

新的琥珀屋哪年哪月才能问世，谁都回答不出来。或许某天会出现奇迹，其余的琥珀镶板会在欧洲某地出土。那时，世界上便有两个相同的琥珀屋了。

塞提一世珍宝之谜

◉ ◉ ◉ ◉ ◉ ◉ ◉ ◉

1978年10月，联邦德国的埃连布赫特在埃及朋友阿里的陪同下，带领一个电视摄制组，参观了塞提一世的陵墓。阿里在墓室仔仔细细地看了半天之后说："塞提一世的宝藏就在这里！这个宝藏要比图坦卡蒙的宝藏还要大得多，埋藏的珍宝也多得多！"在场的人员个个惊叹不已，这不是在故弄玄虚吧？要知道开罗博物馆所藏10万件收藏品中，有近7000件以上是图坦卡蒙墓中的珍宝。

塞提一世到底是谁？

塞提一世是埃及新王国时期第十九王朝第二代法老，他统治了埃及27年。塞提一世即位后，为解除利比亚人和东克赫梯人几个世纪以来对埃及东西两面形成的威胁，亲自率军东征西讨，成功地消灭了

这两个宿敌。因此，他把自己的统治时期称为"复兴时期"。由于这些原因，四方贡品源源不断地涌进埃及，奉献给塞提一世。塞提一世因此成了埃及历史上最富有的国王。

在民间有这样一个故事：

塞提一世的财产多得无可比拟，简直数也数不尽。国内盗风很盛，他担心宫里不保险，特意找到一个心灵手巧的建筑匠，建造了一所库房，墙壁坚牢，门用铁裹。这个匠人懂得塞提一世的心思，极力讨好，屋子造得又美观，又坚固。金子的光芒最害人，耀花了好些明眼。那匠人见财起意，贪心一动，再也压不下，就在临街的那垛墙上做了些手脚。墙用大理石严严密密地砌成，但有一块石头没有砌死，

130

屋里还有几块石头也能松动，都安置得不露破绽，知情者在夜里进进出出，谁也不会觉察。库房完工，塞提一世把金银财宝全搬进去，库门钥匙挂在自己腰带上，他对谁都信不过。

那匠人也许改变了主意，或别有原因，终没下手。这样一天又一天地拖，他害起重病来了。医治无效，他自知大限临头。他只有两个儿子，叫了他们来，把造库时捣鬼的事一五一十地告诉他们，教他们怎样把石块移动和还原。他叮嘱清楚，不久就断了气。这两个小子只想不费时日，不花力气，大发横财。老头儿死后没几天，一个夜里，他们携带器械，按计行事，来到库房，实地试验，果然石块应手活动。他们进去，把金子偷了个痛快，然后照样搁放石块，满载而回。塞提一世经常一个人进那金穴宝库去消遣，端详各式各样的金币金钱、精铸的金器、成堆的宝石，享受眼福，自信得天独厚，世界上没有第二个这样的大财主。外国使臣或什么大贵人来到，他总忙着带领他们去瞻仰自己的财宝。那兄弟

俩行窃后，塞提一世照例到库里来，偶尔揭开几个桶子的盖，发现装满的金子变浅了。他大吃一惊，发了好一会儿呆。库里找不到有人进来的痕迹，库门是他亲手上锁加封的，打开时也纹丝未动。他想不明白什么道理。那兄弟俩又光顾了两三次，桶里的金子继续丢失，塞提一世才断定有贼了。他以为那些刁徒是设法配了钥匙，仿造了封条，所以随意进出，放手偷东西。他找到一位手艺绝好的匠人，命令他造一个捕捉机，造得非常巧妙，见者人人叹绝。这台机器的力道很足，掉在里面，别说一个人，就是一头公牛也给它扣得结结实实的，只有塞提一世本人用钥匙才能解开那牢固的重重锁链。塞提一世精细地在金桶间安置了那机器。谁要碰上，就给抓住。他天天来瞧那个贼落网没有。

两兄弟还蒙在鼓里呢。一天夜里，他们照常挪动石块，放胆进库。哥哥一脚踏着机关，立刻寸步难行，两条腿被夹合在一起，再也分不开。他挣扎越使劲，机器捆扎越收紧。弟弟忙来解救，用尽手

段，也无济于事，那捆住不放的锁链越解越紧。

这人给机器扣住，自知没有生路，兄弟俩一齐叫苦，遭上了横祸，呼天怨命。哥哥就嘱咐道："兄弟，我误落机关，没有配合的钥匙，谁都打不开这具锁。明天准有人进库，假如塞提一世亲自来到，看见我在这里，咱们的勾当就被戳破了。我先得受尽刑罚，再逼招供同犯案的同伙来，到头来还难逃一死。就算我咬紧牙关，不肯牵累你，也终保不了命，你也脱不了嫌疑。塞提一世会立刻派人去搜咱们的家，找到那些金子，赃证确凿。妈妈是知情人，得跟咱们一起受刑挨罚。一家母子三口就死得太惨了！既然一连串祸事摆在前面，咱们得马上挑选害处最小的一桩。我知道自己注定要死，再没有救命的办法。好兄弟，空话少说，白费唇舌，耽误了大事。你狠狠心，把我的头连脖子砍下来，剥光我的衣服，人家就认不出是我了。你把金子和我的脑袋、衣服，都扛上肩膀，快溜走吧。记住我的话：这是你最后一次来，不能再来了。你很

容易掉进这圈套里，身边没有人救你。也千万别和人合伙来冒险；即使你本人没给逮住，你那同犯为了洗清罪名，博取恩赦，会向塞提一世告发；再不然，他会把秘密泄露给口风不紧的朋友。千句并一句，别上这儿送死，别向谁露底。"弟弟听了哥哥恩义深重的忠告良言，也知道别无他法，痛哭起来，实在狠不下心。只有这一位同胞兄弟，要向他下毒手，真是穷凶极恶，天理难容！他只打算陪着哥哥同归于尽。哥哥横说竖说，总算说服了他。那时天将拂晓，弟弟一边哭，一边拔刀割下哥哥的脑袋，包在尸身上脱下的衣服里，含悲忍痛，和金子口袋一起带出墙外，把石块好好放还原处。他眼泪汪汪，回到家里，妈妈得知惨事，也淌眼泪叹气。母子俩把脑袋埋在家里地下，又把血衣洗净。

次日塞提一世进库，瞧见那光膀子无头尸，呆了半晌。他想不出贼怎样进来的，丝毫找不到线索。他把那具尸体仔细察看，也不知道是谁。大门封锁依然，铁皮窗也没人碰过，难道那贼精通妖

术，会用搬运法，否则金子是偷不走的。

塞提一世心里老不痛快，下令把尸体示众，悬赏招认。来看的人不少，却没一个认出死者是谁。塞提一世于是下了一道新令。远离宝库，逼近大街，有一块草地，那里竖起一个绞刑架，把那尸首两脚朝天倒吊着，由六个人日夜看守。塞提一世严旨：要是尸首被偷走，六个人全得钉死在十字架上；他们务必注意来往行人，瞧见掉泪的、叹气的、流露悲悯的，马上抓住，押送王宫。

贼的母亲非常哀痛，也没人来慰问。她听说儿子尸体像奸细那样倒挂在绞架上，觉得是奇耻大辱，忍无可忍，什么也不顾了。他对二儿子又气又惊地说："我的儿呀！你杀掉你的同胞哥哥，还割下他的脑袋，仿佛他出卖了你，和你有怨仇似的。你说为了逃命，万不得已，还编了一通话，说他中了圈套，没法儿解救。我不知道你这话是真是假。说不定你想独吞这笔金子，杀害哥哥，把黑的说成白的来哄我。现在他的尸体又给塞提一世

那样糟蹋，我吩咐你夜里去偷它回来，我要把它安葬，好好按礼办事。我给你两天的限期，至多三天。你哥的尸体老挂在那里，我伤心得也活不成。所以你务必弄它回来，要不然，我就去见塞提一世告发你。这不是说着玩儿的。"儿子深知那地方戒卫森严，母亲任性不懂事，向她解释开导，要她回心转意。

他说，去偷尸体一定给人抓住，娘儿俩都会完蛋：落到塞提一世手里，盗案就破，自己是贼，得受绞刑；她是知谋从犯，必然同一下场。他还讲了好些道理，劝她打消本意。可是，随他讲什么道理，说多么危险，他妈全然听不进，只是发疯似的叫嚷说，要是不依她，她就到塞提一世那里自首。

娘固执己见，非要把大儿子的尸体弄回不行，二儿子执拗不过她，只好挖空心思使她如愿。他胡思乱想出千百条计划，都是难兑现的，盘算来，盘算去，只有一条切实可行，风险也小。家里有两头驴子，正用得着。他把四个皮袋盛满了香甜美酒，酒里都搁麻醉药，装

在驴子背上，夜里走近尸场。等到半夜，他假装远路客人，顺着大街，向绞架走去。临近时，他解松捆扎皮袋的绳子，大声呼救。守尸的兵士全跑来，只见皮袋快从驴背掉下。这小伙子作出气恼的样子，生怕袋里的酒洒了。多亏大家帮忙，他又把皮袋在驴背上扎稳。他忙向众人道谢，说："壮士们，多亏各位了！我是贩酒的，靠它养家活口。今天要没有你们，我的酒就流光了，我的本钱也折光了，真感激不尽。为了表示一点儿谢意，我请各位赏脸喝几口酒，品品这酒的好味道。"他从背包里拿出面包和熟肉，一起坐下吃喝。卫兵们一尝那香甜美酒，放开喉咙，大杯子直灌，不多时个个昏倒，躺在地上，鼾呼大睡。这聪明的小伙子一滴酒也没喝，立刻从绞架解下哥哥的尸体，又挂上去一个酒袋做替身，高高兴兴地回家了。

塞提一世以雄厚的财力大兴土木，广建纪念物，尤其是在人迹罕至的"帝王谷"中，为自己建立了一座外表相当隐蔽，里面却十分豪华的陵墓。塞提一世死后，大批金银财宝连同他一起葬在这个陵墓中。

意大利人乔万尼·贝尔佐尼（1778—1832）是近代最早在塞提一世陵墓寻宝的人。他青年时学过物理学和机械制造学。为了讨好当时埃及总督穆罕默德·阿里，他设计并制造了一台水泵给总督表演。总督并不了解这台水泵有多大用途，不过他还是十分欣赏这个小伙子的聪明才智，于是便签发了一张可以随处发掘的许可证给他。

据一个强盗家族的后代阿里·阿布德·埃尔·拉苏勒介绍，贝尔佐尼在国王山谷发掘时，曾得到他曾祖父的帮助。他的曾祖父是当时这个家族的族长，传说他能够准确无误地感觉到哪棵树下或哪块巨石下埋藏着珍宝。1817年，贝尔佐尼来到国王山谷寻找塞提一世的陵墓。他在拉美西斯一世陵墓的入口附近清除了一些石头障碍之后，就凭着自己的感觉，认为这里有继续挖掘的必要，于是，他命令手下的劳工们在此处挥汗大干。挖至地下六米深处时，劳工们碰上了塞提一世陵墓的入口。之后，劳工们继续深挖，直到发现陵墓。阿里的曾祖父与贝尔佐尼一同下到地下数百米深的陵墓。可是墓室里除了一口空荡荡的镶金雪花石膏石棺之外，便什么也没有了。显然该陵墓在古代曾被盗过。贝尔佐尼仍不死心，他打算凿开墓室的墙壁继续深挖，可阿里的曾祖父再三向他强调，再挖也是劳而无获，不会有其他东西了。无奈，贝尔佐尼只好将这口仅存的空石棺运到了他的第二故乡——英国。其实塞提一世的木乃伊并未被盗，这不过是塞提一世为防盗而修建的一座假墓，现在真正的木乃伊仍完整地存在于开罗博物馆中。它是由阿里的祖父穆罕默德兄弟三人于1871年在靠近"帝王谷"的沙克·埃尔·塔布里亚的一个山崖洞穴中发现的，第二十一王朝法老彼内哲姆为防盗而将许多国王的木乃伊集中重葬在该洞穴中。十年之后，穆罕默德兄弟三人被捕，这些木乃伊遂归开罗博物馆所有。

在阿里家族中至今还保存着他曾祖父留下的文字记载。文字记载最后说，当他本人看到墓室的墙壁及地面全由巨石所封闭，便断定塞提一世的宝藏并未被盗而就在这里，他骗了贝尔佐尼。阿里补充

在宝藏没有被挖掘出之前，藏宝地都是默默无闻的

135

说，这个秘密一代传一代，他父亲临终前告诉了他。

阿里以前也像他的祖辈一样，曾是一位有名的掘墓大盗，而且，当时他还间接地参与许多大宗倒卖文物的黑市交易。1960年，他将这个隐藏了近半个世纪的秘密告诉了国家古文物部门，并且主动承诺承担经费，倡议古文物部门寻找塞提一世的财宝。古文物部门接受了他的请求。

1960年深秋，欧洲各大报纸刊载了此事。11月12日《法兰西晚报》报道："在65度的高温下，65名大力士光着膀子，挥汗为寻找塞提一世国王的宝藏在200米深处劳动。并有一位50岁的阿拉伯富翁为此提供所需的全部资金。"这时阿里与古文物部门主要视察员阿布德·埃尔·哈飞兹以及数百名来自尼罗河西岸的民工正在为探寻宝藏工作着。半年以后，雇工们由墓室的墙壁开出一条只有80厘米高、1.5米宽，但长达141米的倾斜向下的隧道。雇工们猫着腰用篮子往外运送岩沙。

隧道在一米一米地往里延伸，好不容易挖过200米，古人凿下的台阶也清理出了40级。此时，雇工们被突然出现的一块巨石所挡，另外有3块深深埋在地下的四方大石块垫在下面。由于狭窄的隧道没有回旋余地，撬开大石块是不可能的。即便大石块能够撬开，也无法搬运出去。如采用爆破手段，恐怕这条隧道也将毁于一旦，那更是前功尽弃，挖掘工程陷入了绝境。

此时，阿里投入的资金已经用完了，而政府又不肯为此增加一分钱。探宝工程只好不了了之。在这以后，古文物部门的官员们提出了两种猜测：其一，该隧道是不是用于存放塞提一世珍宝的仓库？其二，建筑陵墓的工匠们是否有意用这些巨石封住了这个专门存放财宝的墓室呢？其实最合理的推论是，要识破事情的真相，只有继续进行挖掘。但是，古文物部门的官员们却辩解说，他们还有许多事情要做。事实的确如此，20世纪60年代初的埃及正是大规模考古发掘的时代。然而不管怎样，他们错过了如此重大的机会，实为一件憾事。

雅典银矿之谜

◉ ◉ ◉ ◉ ◉ ◉

　　公元前5世纪开始时，地中海东部出现了一次危机，后来导致几场大小战事，结果对西方文化发展影响深远。公元前499年，繁荣昌盛而且人口众多的米利都领导各希腊城邦，群起反抗，自公元前547年左右起控制小亚细亚的波斯霸主。米利都位于小亚细亚西部濒临爱奥尼亚海的地方，这些爱奥尼亚人得雅典之助，不断进行斗争，直至公元前494年，波斯国王大流斯的军队铲平叛乱为止。这只是希波战争的序幕。公元前490年，大流斯远征希腊本土，但他的军队在马拉松一役，被雅典人重创溃败，这是波斯帝国首次受到重大的军事挫折。

　　当时许多雅典人以为波斯的进犯威胁已告解除。但狄密斯托克利将军的军队并不这样想，他们倒是知己知彼，确信波斯军队有能力而且有决心再次大举来犯。狄密斯托克利担心当时雅典人过分乐观的情势，会导致防卫工作形同虚设。

　　几年之前，一群在雅典西南40千米洛里安姆公营银矿场工作的奴隶矿工，发现了一条价值连城的优质银矿脉。在极短期间之内，这个新矿层便出产了好几吨纯银。如何运用这笔意外的银矿收入，公众的意见不一。有人主张这笔盈利应由全体成年男性公民均分。另一群由狄密斯托克利领导、影响力亦相颉颃的人，则不同意这一主张。狄氏是一位精明、坚毅、雄心勃勃的领袖。他主张利用洛里安姆银矿的收入，建造三层桨座战船。顾名思义，这种战船有三层桨座。在战时，由于速度和机动能力非常重要，必须同时动用大约170人尽用三层桨座，平时则只使用一层桨座即可。这种战船时速可以达到2500米，最高纪录达到4000米左右。为了加强威力，这种效能极高的战船还装上一张方形风帆。

经投票表决，所拨款项只足够建造100艘战船，等于狄密斯托克利估计万一波斯再进攻时所需战船的半数。更糟的是，这笔拨款看来只为期一年。不过，后来传出波斯开始筹划进攻的消息，终于导致这项造船计划加速执行。没有多久，

雅典便宣告拥有一支超过200艘战船的船队。每艘战船上载有40名配备刀剑和标枪的步兵，所以又需招募大量海军和陆战队员，加以训练和发给粮饷。假如没有洛里安姆的白银，这些事情就无法办到。此外，因为输入造船材料，也促进了对外贸易，带来不少财政收益。例如，铸上猫头鹰图像的雅典货币，便成了一种国际货币。

公元前480年，波斯大军在大流斯之子瑟克昔斯国王率领之下，从小亚细亚直捣欧洲。他们在色摩

看似一毛不拔的地方，也有可能埋藏着巨额的宝藏

比利山下消灭了一小队斯巴达军队，占领了希腊大部分土地，并将雅典焚毁。

希腊人将舰队部署在雅典以西约16千米的萨拉米岛外狭窄水域上，然后使瑟克昔斯以为希腊即将不战而退，引诱波斯舰队进入圈套。是年9月20日，瑟克昔斯站在附近山头，看着他的舰队乘风破浪进攻希腊。那时波斯战船数目比希腊多一倍以上，多从征服国得来，其中包括300艘腓尼基战船和200艘埃及战船。希腊舰队只有约300艘三层桨座战船，其中约160艘来自雅典，一百多艘来自斯巴达及其盟邦。在战斗中波斯舰队虽然数量上占尽优势，但在狭窄海峡并无调动的余地。因此波斯战船乱作一团，成为外表沉重笨拙的希腊三层桨座战船的瓮中之鳖。波斯战船或被撞破或损毁，船桨也被撞断或撞掉。这时，希腊骁勇的陆战队员便登上波斯战船，与敌方展开整日的搏斗。至日落时，波斯舰队约有200艘船只损坏或沉没，而希腊的损失还较轻微，大约只损失了40艘船。同时，波斯人的伤亡也比较惨重，原因很简单，大部分希腊人会游泳，波斯人则不会。此外，战胜者还可拖回损毁战船和救回受伤人员，而波斯人仓皇撤退，被迫弃下许多船只和士兵。

萨拉米岛一役的胜败影响深远。波斯人由于失去大批战船，再也无法保护补给线，不得不将大部分军队从希腊本土撤出。一年后，希腊人在雅典西北约80千米的普拉蒂亚之役，以及在爱琴海东面米卡莱的海战先后获胜，波斯的最后入侵一败涂地。正因为有了那个希腊诗人伊士奇描写在洛里安姆矿场意外发现的"世界宝藏，白银之泉"，雅典才一跃而成为地中海东部的海上霸主和希腊世界的领袖。不久，雅典还成为古典时期文化、艺术中心。如果当时波斯人得胜，可能就会占领了西欧，从而改变后来西方文明的特性。

迈锡尼古城宝藏之谜

　　喜欢神话和宝藏的人，一定会喜欢位于希腊南岛伯罗奔尼斯东北部的古城迈锡尼。根据公元前8世纪希腊著名诗人荷马史诗里的记载，那里有许多神话故事和宝藏，以及良好的建筑物。

　　据《荷马史诗》记载，该城是宙斯的儿子伯西斯发现的，伯西斯也是神话里的英勇战士，他曾切断那头上长满了毒蛇的女魔马都沙的头。

　　迈锡尼古城的发现，要归功于德国商人苏力曼对荷马史诗记载的执着，他深信迈锡尼这地方有大量的宝藏。当苏力曼经商暴富后，就来到迈锡尼，在这个神秘的地方开始了探宝活动，追随他向往的梦。他在1874年开始开拓，结果两年后，他真的发掘了一个被埋藏的旧世界，他发现了许多墓地和石头城堡，又发现了阿迦曼农王的金面罩，他用荷马的史诗去诠释历史和那神秘的希腊，使他梦想成真，成为当时有名气的考古学家。

　　苏力曼从一条壮观的长达40米的石头走廊前进，来到了一个由两片巨石板铺成的门楣，其中的一块石板有9米之长，大概有118吨重，经过了这道门，进入了一个很特别的洞窟。洞窟的设计是一个呈蜂窝型圆顶的石头建筑，但是整个蜂窝建筑没有用上一块小石头或水泥接合，由此可见公元前16世纪迈锡尼时代高超的建筑技术。

　　苏力曼本以为这座宝库是迈锡尼国王阿迦曼农王的古墓，所以又把这黑暗坚固的石墓叫作"阿迦曼农墓"。阿迦曼农王就是《荷马史诗》里讨伐特洛伊国的幕后英雄。这座特殊石墓是迈锡尼保存最完整的建筑，而且是较早时期的皇族墓地。

沿着石路北行，就看见了很多巨石围墙，围墙组成一个很大的城堡，靠门处有一组圆形的贵族古墓，现已成为废墟。城堡的门上面，有两头狮子面对面支撑着一根柱子的石板雕，考古学家认为那是象征皇族权势的门饰。

在城堡内不远处，有另一组的皇家贵族墓井，墓井共有六个，又有另外一层石墙保护着，整组呈圆形。苏力曼深信这六个墓井是阿迦曼农王和他的随从的墓。当他打开第一个石墓时，他发现了第一个紧戴在尸体脸上设计精致的金面具。他又发现了共有13千克重的金饰和用具物件。后来考古学家鉴定那些

出土尸体、面具和物品比阿迦曼农王早了300年，推翻了苏力曼深信是"阿迦曼农王石墓和他的金面具"之说。

城堡内除了皇族墓地，还有皇室的宫殿、楼阁、冠冕厅和居所。城堡靠高山处，还有水槽建筑。东面有商人的住宅，苏力曼在此发现了一些陶器、盛放香油等的容器。从这些出土物品可见，迈锡尼古城当时是一个商人、政要和皇家贵族占重要地位而且富有的城市。

苏力曼发现的金面具、金盒、金盘、金容器、金制的儿童葬衣和面具、饰物、金丝条和种种刀件，如今在雅典的国家考古博物馆展出。

那神秘的迈锡尼古城废墟仍然充满了神话和魅力，有待人类去发现它的宝藏和秘密。

罗本古拉珍宝之谜

◉ ◉ ◉ ◉ ◉ ◉ ◉ ◉ ◉

15世纪，随着新航路的开辟，大批欧洲殖民者蜂拥来到非洲抢夺财富。19世纪，一批欧洲人来到马塔贝莱国家，请求国王罗本古拉同意他们开采该国的矿山，国王同意了。从此以后，这位生长在非洲大陆上的国王同英国的维多利亚女王建立了联系。罗本古拉根据自己的生活来想象遥远的欧洲白人生活，以为英国女王也有他那样的无上权威。维多利亚女王在回信中十分沉重地说，当她知悉他有300个妻子时，极度悲伤，并且说是否可以把这个数目削减一下。为了取悦白人女王，罗本古拉把妻子的人数减半。于是他把余下的150名妻子全杀死了。因为在那里，国王的妻子是不能与平民同居的。

尽管罗本古拉友好地对待欧洲人，可是这批白肤色的外来者都不是来做客的，他们贪得无厌，四处掠夺，引起土著的不满乃至反抗，结果双方爆发了战争。罗本古拉只得携带妻妃、巫师及一些部落成员乘坐马车，另觅新土。然而欧洲殖民者仍紧追不舍。罗本古拉四处逃避，并派出一名使臣带着一袋金币来求和。不幸的是，这位使臣被杀死，金币也被抢走了。

1894年，罗本古拉死于热病。按照马塔贝莱人的风俗，这位国王与他平生所积聚的财宝一起埋葬。国王的墓地是由巫师选定的，在赞比亚河的一条支流附近。巫师派遣一部分军队去挖墓穴，埋入国王的尸体以及象牙、黄金、钻石，这些财富当时值300万英镑。而后，巫师又派另一批军队去杀死那些挖墓埋尸的士兵，把这些尸体葬在墓地周围以护卫国王的灵魂。另外还设置咒语，永保墓地的平安。随后第二批士兵也被召回到一个指定地点，在那里，这批士兵被部落其他成员杀死。这样，只有巫师才知道埋藏国王和财宝的地方。

但是，这时的非洲再也不是那个曾经是闭塞平静的非洲了。欧洲的殖民者死死盯住这些财宝不放。那个巫师的余生就因此没有安宁过，国王死后四年，他也告别了动乱的人世。他的儿子在其父死后方知大事不妙，向南逃跑，结果半途被人抓获监禁，只得装疯。后经传教士干预才被释放，住在一个教会内，常常借酒压惊。

经过无数次战火的非洲，后来又被卷入了欧洲人发动的第一次世界大战中。斯穆茨将军手下有个名叫"J.G.W.雷坡德"的少校在审查德军档案时，发现一个文件夹，里面装有一张地图，还有测算数字、运输费清单、一些用密码写的文件。他知道这些都是关于某一地区的材料，但因为不懂密码，他只好将之置于一边。不久，雷坡德在审讯两个非洲籍战俘时才知道，

散发着贵气光环的珍宝，带人们踏进极尽奢华的珠宝世界

这两个战俘曾经陪同过"从远方而来的"一股德国人。这些德国人来干什么呢？战俘说是为了寻找一个与国王有关的地方，此外他们一无所知。

后来，雷坡德从当地土著人中知道了罗本古拉以及他的珍宝，他更加热衷于探宝了。他最后终于破译了密码，原来这些材料都是有关发掘罗本古拉财富的文件，上面列述了关于财富的所有情况，甚至巫师及其儿子的情况也包括在内。凑巧的是，巫师儿子隐居的地方正是雷坡德的家乡。1920年，雷坡德找到了巫师的儿子。但他因年老、酗酒之故，记忆力衰退，已记不清坟墓的确切位置。不过，墓地四周的标志，他还能较清楚地回忆起来。

雷坡德通过推论猜测，把罗本古拉坟墓地大致确定在30英里的范围内。1920年年底，他征召当地人作为运输工及挖掘工去探宝。起先他没把探宝目的告诉这些人。后来经过两星期的奔波寻觅，工人要求知道他们究竟在寻找什么东西。雷坡德只得以实相告，结果一夜之间，那些土著人跑了个精光，所有

设备也只得废弃。

但财富的魅力竟是如此诱人。两年后，雷坡德驾驶着福特车，率领着从遥远的非洲雇来的工人，又一次前来探宝。这一次雷坡德更加清楚宝藏可能埋在哪里了。但是，根据他的计算，这一地点正好在葡萄牙人的势力范围内，他又无法从葡萄牙人那里获得许可证。幸好这一地区荒无人烟，因此，他终于找了个机会越过了边界。

雷坡德一行到达目的地大约是中午时分，树林中听不见鸟语兽鸣，也见不到任何生物活动的迹象，呈现出一片令人窒息的寂静。工人们十分恐慌，雷坡德则因找到了巫师儿子所说的标志而极为兴奋。

在这支探险队中，有个叫"贝朱顿豪"的白种人，他是为大家打猎提供肉食的人，根本不清楚此行的目的。但根据他的直觉，他感到这是块被诅咒过的地方。当晚，他告诉雷坡德说，"这里发生过非常奇特的事情，这是块不祥之地！"雷坡德后来回忆说，那天夜里他梦见了成群的苍蝇，根据土著神话，

此乃死亡之兆。

次日，工人们开始挖掘，结果掘出两具断腿的尸体。这是护卫国王灵魂的士兵。工人们不愿再挖下去了，他们要求回家。那天晚上，贝朱顿豪这个老练的猎人在营地远处被一头狮子咬死。雷坡德害怕了，天一破晓他们就整装返回了。

但雷坡德仍未死心。三年后又组织人马到达这一地区。这次他起用以邪攻邪之法，带着护身符及其他各类符咒，还在那里举行了一些驱邪仪式，以求平安。但有一夜，他又梦见成群的苍蝇，果然，第二天，一个发掘坑莫名其妙地倒坍，压死了十个人。雷坡德本人也害了热病，只好无功而返。

1934年，雷坡德又准备组织探险。但这时罗本古拉的财富也尽人皆知了，谁都想获得一份。葡萄牙人说如果珍宝找到了，他们应得一半，因为墓地在他们的范围内。一个采矿公司则宣称，这些财宝是从该公司偷去的，所以该公司应获75%的财富。一个基督教团体则声称这些财富是马塔贝莱人的，理应归马塔贝莱人所有，同时这一团体还认为自己是马塔贝莱人的受托管理者，因此75%的财产应归该团体。

这样，雷坡德就陷入了由于探宝而引起的官司中，疲于应付。这个几经风险的人这时认为，这场官司就是墓地诅咒的一个征兆，前景不祥。他觉得唯一应做的是填平他挖开的坑，使墓地恢复原样，他还把所有文件都毁了，以让墓地自此安宁。

十分有意思的是，后来有两个人在柏林找到了这些文件的复印本。他们也顺着这条路线走了一趟。然后，这两人组织了一支探险队，乘飞机飞往非洲南部。但是，这支倒霉的探险队连非洲大陆的土地还没碰上，他们的飞机就一头坠入了茫茫大海。

洛豪德小岛珍宝之谜

◉ ◉ ◉ ◉ ◉ ◉ ◉ ◉ ◉

在澳大利亚有一个名为"洛豪德"的小岛，该岛并非鸟语花香、景色宜人的胜地，然而，"岛不在美，有宝则名"。相传岛上藏有无数财宝，周围海底也铺满耀眼炫目的宝石。

在17世纪70年代，一位名叫"威廉·菲波斯"的人，在偶然中发现一张有关洛豪德岛的地图，图上标有西班牙商船"黄金"号的沉没地，他惊喜若狂，感觉到一个发财的机会到来了。原来，"黄金"号商船有一段神秘的故事，那是在16世纪50年代到70年代。

西班牙人沿着哥伦布的航迹远征美洲，从印第安人手里掠夺了无数金银珠宝，然后载满船舱回国。然而，他们的行动被海盗们觉察了。于是，海盗们疯狂袭击每一艘过往的商船，残杀船员，抢夺了大量财宝。如山沉重的财宝，海盗们无法全部带走，于是将剩余部分埋藏在洛豪德岛，并绘制了藏宝图，海贼们发血誓表示严守秘密，以图永享这笔不义之财。哪知海盗们终归是海盗，哪有信义可言？一些阴谋者企图独吞宝藏，一时间血肉横飞，一场火拼留下了具具尸体，胜利者携带藏宝图混迹天下，过着花天酒地、骄奢淫逸的生活，从而藏金岛的传说也不胫而走，风靡世界。

菲波斯怀揣这张不知真假的藏宝图，登上荒岛，四处勘察，然而他一无所获。正当他徘徊于海滩时，无意中脚陷入沙中，触及一块异物，经发掘是一丛精美绝伦的大珊瑚，在珊瑚内竟又藏有一只精致木箱，箱中盛满金币、银币和珍奇宝物。菲波斯狂喜万分，他在岛上待了三个月，疯狂地寻觅，整整30吨金银珠宝装满了他的帆船，他实现了发财梦。

菲波斯发横财的消息像飓风一样传开去，一股寻金热席卷洛豪德岛以及附近海域，流浪汉、冒险家甚至王公贵族们都不远万里来到这个荒岛。人们认为菲波斯发现的财宝仅是海盗遗产中很少的部分，那么更多的宝藏又在哪里呢？一时间许多真真假假的"藏宝图"应运而生，充斥欧洲，高价出卖，不少发财狂们重金购买，不惜血本，结果呢？不少人或葬身海底，或暴死荒岛，或苦苦寻觅，久无踪影。海盗的遗产成了一个充满诱惑的谜团。

亚历山大陵墓宝藏之谜

◉　◉　◉　◉　◉　◉　◉　◉　◉　◉

亚历山大大帝（前356～前323）是古代马其顿国王腓力二世的儿子。他于公元前336年即位后，大举侵略东方。在短短的十余年里，东征西伐建立起东起印度河、西至尼罗河与巴尔干半岛版图广阔的亚历山大帝国。

亚历山大曾是一位赫赫有名的英雄，但同时又是一位神秘人物。有关他的传说不可胜数。遗憾的是，他生前的一些历史记载没有留传下来，而后来的一些传抄本及书籍又众说纷纭，矛盾重重，而且带有极浓重的传奇色彩。因此，就是在他死后两千三百多年的今天，这位古代伟大统帅的业绩仍十分受人们关注。人们迫切希望发现这位不可一世的帝王的陵墓，以求从出土文物中获得一些有价值的历史证据。但是这位著名历史人物的陵墓在哪里呢？他又是怎么死的呢？

亚历山大的死因历来有两种传说。一是说他远征印度时在距离巴比伦不远的地方，迎面碰上的一些精通天文和占卜的祭司，劝告他不要去巴比伦，否则凶多吉少。虽然他没有停止前进，但此后却变得心情忧郁。

一次，他驾驶着战舰在湖泊上游逛。突然刮来一阵风，把他的帽子吹走，掉在芦苇丛中，正好落在古亚述国王的墓上。所有的随从以及亚历山大本人都认为这是很不吉利的事。

派去追赶帽子的水手，在泅水回来时，竟大胆地把它戴在自己头上，这就更加强了不祥之感。亚历山大恼怒了，当即把这个水手杀了。不久，亚历山大身患重病。13天后，终于在公元前323年6月的一个傍晚逝世。当了12年零8个月的国王，死时才32岁。

这些琐事，看起来只不过是一种巧合罢了。其实，大帝的死很可能是由于行军路上的艰辛，加之经过多次作战，弄得遍体伤痕，在沼泽地里又感染上了疟疾等原因造成的。

另有一个传说：亚历山大之死是因为在宴会上有人往他的酒杯里下了毒药。如果说这个传说是真的，那么亚历山大就不是自然死亡，而是死于阴谋。

亚历山大死后，他的部下托勒密将军（后来成为"埃及王"）用灵车把他的遗体运往埃及，安葬在亚历山大城，并为他建造了一座富丽堂皇的陵墓。

恺撒大帝、奥古斯丁皇帝、卡拉卡尔皇帝等历史上的著名人物都曾到此陵墓朝拜过，还在亚历山大的塑像头上加上一顶金冠。可是到了公元3世纪，有关陵墓之事，不知为什么无声无息了。公元642年，阿拉伯大军攻占了亚历山大城，这里的辉煌历史遗迹使他们感叹不已。到了1798年，法兰西拿破仑的军队进入亚历山大城时，这里已呈衰落景象，城中只有6000名居民了，跟随拿破仑的一些学者还看见不少古建筑的废墟。19世纪初，这里开始修建海港，古老的建筑遗址成了采石场，有许多遗迹被深埋入地下。亚历山大城很快成为地中海上一个重要的贸易中心，可历史遗迹却荡然无存了。

按古希腊的习俗，创建城市的国王，在他死后一般都要埋葬在城市中心。因而有的考古学家分析认

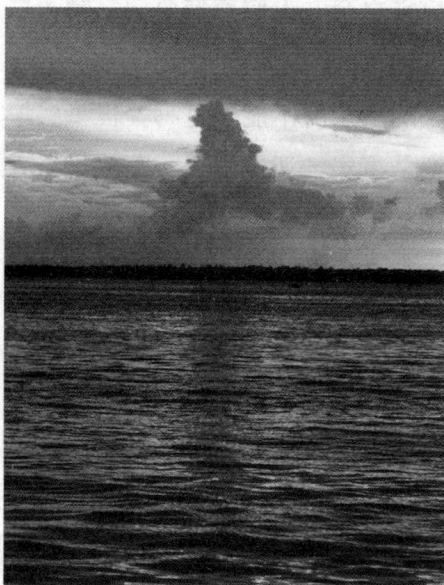

平静的大海向人们诉说亚历山大的丰功伟绩，但又有谁能解开他的陵墓之谜

为，陵墓很可能在位于城市东部的皇宫区。也有人认为，陵墓应在两条街道的交叉点上。

近年来，波兰考古学家玛丽亚·贝尔纳德对当地出土的古陵灯进行了一番研究后发现，古人在制作陶灯时，在上边绘制了古代亚历山大城的模型，因此她对陵墓的位置做了一个有趣的推测。她认为在模型中的许多建筑物之中，有一个圆锥形的建筑物可能就是亚历山大的陵墓。因为，奥古斯丁皇帝的陵墓是尖顶圆锥形建筑，这种墓形很可能就是在仿造亚历山大陵墓。

英国人维斯曾对托勒密王朝的墓地进行过分析研究，认为这些墓应当同亚历山大陵墓相像。他想象亚历山大的棺木是安放在一座宏伟的庙宇里，周围是一些圆柱，墓里一定有许多稀奇精美之物。墓内还可能保存着从埃及各处庙宇送来的经书。20世纪70年代，一个惊人的大发现大体上证实了这些猜想。专门研究古代马其顿历史的考古学家安得罗尼克斯发现了亚历山大的父亲——腓力二世的陵墓。

大殿中央停放着高大的大理石石椁，上面设有镶着宝石的、沉重的金质瓶状墓饰。国王的遗骨就在其中，周围是一些珠宝金器、王权标志、战盔等物，闪耀着璀璨的光芒。

其中有五个用象牙雕刻的雕像，制作得相当精美，特别引人注目。这五个雕像是国王的一家：腓力二世本人、他的妻子、儿子亚历山大和腓力二世的父母。这个发现在考古界引起了轰动，被认为是"20世纪考古中最伟大的发现"。惊喜之余，人们不禁要问：腓力二世国王的陵墓尚能找到，难道他儿子的陵墓就不能寻觅吗？但事实毕竟是事实，亚历山大陵墓的确令人神秘莫测，一直没有任何线索。谁能解开这个陵墓之谜？人们耐心地期待着。如果一旦解开，很可能会发掘出当时许多民族的文化艺术珍品以及大量的历史资料，这对考古学将是一个多么巨大的贡献呀！

玛迪亚号沉船宝藏之谜

◉ ◉ ◉ ◉ ◉ ◉ ◉ ◉ ◉ ◉

1907年，一位希腊的海绵打捞工人，在北非突尼斯东部的玛迪亚海的水深40米的海底，看到了像军舰大炮样子的文物。从此，潜水工人们又在附近海底发现了很多双耳陶瓶和青铜制品的碎片。打捞上来的文物向当时法属突尼斯的海军司令官杰·拜姆海军大将做了报告并将文物移交给官方，拜姆动员了潜水员进行调查。其结果证明被看成海底大炮的文物并不是大炮，而是希腊浮雕的大理石伊奥尼亚式圆柱。

这一发现在欧洲的学术界引起了极大的轰动，为20世纪初考古学调查的发展提供一个很大的实习机会，并为其开始方法的摸索和实习创造了一个良好开端。在法国海军的帮助下，突尼斯当局集中了希腊、意大利的一流潜水员，从1908年到1913年共进行了五次调查。

对于距陆地6千米，海流非常急，而且水深为40米的海底调查作业来说，技术上受到各种限制，而且沉船完全被埋在海底淤泥中，使发掘作业极为困难。

沉船中，有最早报告说的像大炮的大理石圆柱，共6排，约60根，还凌乱地散布着柱头、柱基以及其他大理石的建筑材料和雕像等。虽然打捞上来了双耳陶瓶等部分文物，但大部分遗物仍然留在了海底，调查没有最后完成。

当时的潜水技术和调查方法不能绘制出能将船体复原的实测图，也不能将船体打捞上来。尽管如此，潜水工人们仍然打捞出了各种文物，并在海底淤泥的清除过程中，搞清了下面厚约20厘米的木材堆积层和其分布范围，并确认了这是船的甲板，还了解到打捞上来的遗物是甲板上的货物。在甲板下的船舱里装满了大量的细小贵重品，在更下面的船舱中贮藏着很多大理石艺术品，其中主要有希腊雕刻家加尔凯顿（约生活在公元前2世纪）的刻有"波埃特斯"铭文的"海尔梅斯"青铜像和同样大小的"奔跑的萨尔丘斯洛斯"青铜像、大理石"阿弗洛迪式"半身像、牧神"波恩"的头像等。此外，还有烛台、家具等日用品和希腊阿提加工精美的酒杯。其中带有铭文的"海尔梅斯"像被认为是"希腊时代著名的珍品"。

这艘沉船据推测，是满载罗马从希腊掠夺的艺术品及其他货物的大型运输船，船从雅典的皮莱乌斯港出航，在驶往罗马的途中，向南漂流而沉没。该船长为36米多，宽为10米多，恐怕是无桨的帆船。从当时的造船技术看，似乎是为了运送想象不到的沉重货物而设计的。其年代根据遗物的研究推定，在公元前2世纪末到公元前1世纪初。

随着对遗物的文化性质及船体构造的研究，玛迪亚沉船逐渐在学术界引起较大的反响。据有关专家考证，该船是公元前86年征服掠夺雅典的罗马执政官鲁希阿斯·斯鲁拉有组织地将掠夺品满载运回罗马，而在途中遇到暴风，漂流到玛迪亚海域沉没的货船。

当时，斯鲁拉是罗马共和时代的猛将，深得人民的拥护，具有卓越的指挥才能。他在凯旋罗马时经常带回众多的俘虏和战利品向民众夸耀，以求得狂热的欢迎。他征战生涯中最大的功绩是征讨小亚细亚的蓬兹斯。据说他在当时已获得很多的战利品，但为了掠夺，他又率领罗马军队进一步侵入了古希腊象征的雅典。他在那里下令拆毁奥林匹亚的一座神殿，将大理石建材和雕塑装上运输船送往罗马。有的史学家说，他打算用这些战利品在罗马复原神殿，以作为他的胜利纪念碑装点城市。据说，这一船队绕行到意大利半岛与西西里岛之间的墨西拿海峡时，突然遇到风暴，其中一艘向西南方向漂流至北非近海沉没，在以后漫长的岁月里安眠在海底厚厚的淤泥之下。估计至今仍有大批珍宝沉睡在海底等待人们打捞。

"克洛斯维诺尔"号珍宝
◉ ◉ ◉ ◉ ◉ ◉ ◉ ◉ ◉ ◉ ◉

沉没之谜
◉ ◉ ◉ ◉

两百多年以来，渴望得到"克洛斯维诺尔"号沉船上巨额财宝的人，始终没有停止过他们的海上探宝活动。因为这个传奇式的海难事故中所提到的财宝之多，实在太吸引人了，请看下列清单：金刚石、红宝石、蓝宝石和翡翠19箱，价值51.7万英镑；金锭，价值42万英镑；金币，71.7万英镑；白银1450锭。

故事要追溯到1782年6月15日。那天，有一艘三桅大帆船"克洛斯维诺尔"号离开锡兰（现在的"斯里兰卡"）港，鼓着满帆在烟波浩渺的印度洋上航行。船上有150名乘客，还有上面所列的贵重物品。8月4日，当航行到非洲东南角沿海时，一阵强劲的风暴把船吹向海岸。帆船在风、浪和潮水的共同作用下，迅猛地向着悬崖峭壁冲击。尽管船长采取了应急措施，也无济于事，木船被撞坏。134人仓皇跳入大海，挣扎着上了岸，但帆船立即又被回流带回大海。不久，这艘千疮百孔的帆船，便带着巨额的财宝和几个未能上岸的水手，葬身海底。遇难地点距好望角约507海里。

一部分登岸的水手情况也不妙。岸边是荒无人烟的热带森林，生存是很困难的。他们为了战胜死神，分成三个小分队在山林中挣扎，用野菜充饥，希望能向好望角靠近，以求生计。但是，不幸得很，一些人死于野兽之口，另一些人又死于野菜中毒，到达好望角时，只剩下6个幸存者了。事后，他们把海难经过和丛林历险写成书，流传于世，引起轰动。但是，最使人们感兴趣的却是那船上的巨额财宝，它吸引着一批又一批的探宝者前往寻觅。

1787年，人们首次对沉船进行搜索和打捞，但因找不到沉船的确切位置，不得不以失败告终。

1842年，一位船长与十位马来亚潜水员合作，在沉船海域寻找了十个月，终于发现了沉船残骸，并踏上了沉船甲板，但未能掀起沉重的货舱盖。他们向英国皇家海军求助，也由于当时潜水技术的落后而无能为力。过了不久，沉船渐渐被泥沙掩埋了。

到了1905年，一些水下探宝者组成"克洛斯维诺尔号打捞公司"，雇用了一批打捞人员前去勘查，用钻机取样法找到了沉船，在钻取的泥芯中有250枚古钱币，并从船上层甲板上取下了13门大炮，总算是有了不小的收获。但埋藏在深处的财宝，由于人不能长期潜入水下作业，因而无法寻得。

1921年，又有人组织成立"打捞公司"。由于发起人曾是一位陆上黄金采矿者，熟悉矿井隧道开凿方法，准备从岸边开凿隧道通往海底，再在船底打洞捞金。足足花了三个月时间，经过艰苦的凿岩作业，才在40米深处开凿了一条210米长的隧道，终点正好在沉船底下9米深处。当向上开凿时，还未接触船体，比较松软的海底沉积层塌陷了，海水涌进了隧道。曾有一名勇敢的潜水员进洞，摸到了木质船底，但潜水员因无法在水下久留而无法捞金。巨额开支没有得到补偿，结果"打捞公司"被迫破产。随着时间的流逝，隧道也塌崩堵塞，渐渐消失了痕迹，最后沉船位置也无人知晓了。

几十年过去了，一些人寻找海底沉宝的梦并没有破灭。随着打捞能力的提高，促使一些人还想重整旗鼓，似乎有不拿到沉宝誓不罢休的决心。然而，"克洛斯维诺尔"号现在究竟在哪里呢？它上面究竟有没有如此巨额的财宝呢？这些财宝是否已有人偷偷地捞走了呢？这对渴望寻宝的人们来说，仍然充满着谜一般的神奇。